幼儿教师融合教育体验研究

欧阳新梅　著

西北大学出版社
·西安·

图书在版编目(CIP)数据

幼儿教师融合教育体验研究 / 欧阳新梅著. -- 西安：西北大学出版社, 2024.9. -- (特殊教育丛书 / 徐云总主编). -- ISBN 978-7-5604-5490-0

Ⅰ.G76；G61

中国国家版本馆 CIP 数据核字第 2024768CT4 号

幼儿教师融合教育体验研究

著　　者	欧阳新梅
出版发行	西北大学出版社
地　　址	西安市太白北路 229 号
邮　　编	710069
电　　话	029 - 88303310
网　　址	http://nwupress.nwu.edu.cn
电子邮箱	xdpress@nwu.edu.cn
经　　销	全国新华书店
印　　刷	陕西瑞升印务有限公司
开　　本	787mm × 1092mm　1/16
印　　张	15
字　　数	240 千字
版　　次	2024 年 9 月第 1 版　2024 年 9 月第 1 次印刷
书　　号	ISBN 978 - 7 - 5604 - 5490 - 0
定　　价	65.00 元

如有印装质量问题，请与本社联系调换，电话 029 - 88302966。

总 序

特殊教育是国民基础教育不可分割的组成部分,是教育的兜底工程和教育公平的重要体现,同时是衡量社会文明进步程度的重要标志。

习近平总书记在 2024 年召开的全国教育大会上强调,"教育是强国建设、民族复兴之基。""我们要建成的教育强国,是中国特色社会主义教育强国,应当具有强大的思政引领力、人才竞争力、科技支撑力、民生保障力、社会协同力、国际影响力,为以中国式现代化全面推进强国建设、民族复兴伟业提供有力支撑。""要坚持以人民为中心,不断提升教育公共服务的普惠性、可及性、便捷性,让教育改革发展成果更多更公平惠及全体人民。优化区域教育资源配置,推动义务教育优质均衡发展,逐步缩小城乡、区域、校际、群体差距。"

这对新时代教育赋予了新使命、新担当、新作为,令人鼓舞,催人奋进。对特殊教育工作者如何在教育强国建设中要踔厉奋发,把握好定位,牢记教育报国初心使命,坚持以人民为中心发展特殊教育,加快推进特殊教育高质量发展,以特殊教育之强促进教育之强,以教育之强夯实国家富强之基,在全面推进中华民族伟大复兴中发挥特殊教育的独特作用提出了新要求、新任务和新期望。从党的十七大"关心特殊教育",到党的十八大"支持特殊教育",再到党的十九大"办好特殊教育"和党的二十大"强化特殊教育普惠发展",

这些关键词的改变折射出党和国家不断增强对特殊教育的重视程度，不断加大支持力度，努力让每一位残疾儿童少年都能享受合适而优质的教育。

回顾我国特殊教育发展的历史和本人自己见证的特殊教育发展历程，在党、政府及社会各界，以及特殊教育工作者的不懈努力下，我国特殊教育取得了显著成就，已经形成了具有中国特色、适合中国国情的特殊教育发展模式。

新中国成立之前，特殊教育学校由私人创立的居多，特殊教育以"看护""养护"为主，基本上属于慈善救济性质。新中国成立后，政府接管了特殊教育学校，相继颁布《政务院关于改革学制的决定》（1951年）、《办好盲童学校、聋哑学校的几点指示》（1957年）等，确立了特殊教育的教育属性和地位，推动了特殊教育发展。截至2023年，特殊教育学校从1946年的40所增加到2345所，在校学生数也从2322人增加到91.2万人，其中，特殊教育学校就读在校生34.12万人，其他学校就读在校生57.08万人。

改革开放后，特别是1988年，我国启动了残疾人教育事业发展五年规划、召开了第一次全国特殊教育工作会议，次年国务院办公厅转发了国家教委等部门《关于发展特殊教育的若干意见》，一系列举措推动了特殊教育较快发展。《残疾人教育条例》《义务教育法》《残疾人保障法》等法律法规公布。2017年修订的《残疾人教育条例》，不仅为进一步保障残疾儿童接受义务教育提供了强有力支持，而且确立了推进融合教育、优先采取普通教育方式的特殊教育发展原则。后如《关于进一步加快特殊教育事业发展的意见》《国家中长期教育改革和发展规划纲要（2010—2020年）》等相继出台，"特殊教育提升计划"等相继实施，有效推动了特殊教育的发展。需要特别指出的是，教育规划纲要把特殊教育作为八大教育发展任务之一，对特殊教育真正纳入国家教育整体规划、实施融合教育具有重要意义。

我国特殊教育形成了"以特殊教育学校为骨干，以大量随班就读和特教班为主体，以送教上门和远程教育等为辅助"的中国特色的发展模式，为在全球范围内建立没有排斥、没有歧视的全纳教育体系做出了贡献。

1946年，特殊教育学校（盲校、聋校）40所，2018年特殊教育学校达到了2152所，2023年为2345所，增长了58倍左右。在校残疾学生人数2322人，2018年在校残疾学生达到了近66.59万人（包括特殊教育学校、随班就读和附设特教班、送教上门等）。2023年为91.2万，增长了390多倍。1953年，特殊教育学校专任教师444人，2018年特殊教育学校专任教师5.87万人，2023年为增长了190多倍。

我国的特殊教育法制体系逐渐得到完善。近些年，出台了一系列有关残疾人权益保障的条例，如《无障碍环境建设条例》《残疾人就业条例》《残疾预防和残疾人康复条例》等。目前，直接涉及残疾人权益保障的法律有80多部，行政法规有50多部，标志着特殊教育已基本完成了从慈善型、救济型向权利型、普惠型方向转变，纳入依法治教轨道。

学前到高等教育阶段特殊教育体系初步形成。新中国成立初期，残疾人限于基础教育。经过70多年不懈努力，特殊教育逐渐确立了"保障义务教育，着重发展职业教育，积极开展学前教育，逐步发展高级中等以上教育"的方针。按"全覆盖、零拒绝"的要求，对所有类别的残疾儿童，包括残疾程度较重或具有多重残疾的儿童，提供多种多样的教育形式，保障其接受义务教育的权利。全国已有上百所普通本科高校开设特殊教育专业和高职院校开设特殊教育专业点。我国特殊教育体系在层次上已经具备了学前教育、义务教育、高中教育及高等教育各阶段，已经具备了基础教育、职业教育、成人教育等类型。

特殊教育安置多样态和教师培训体系日趋完善。改革开放以前，我国残疾儿童只能到特殊教育学校接受教育，目前我国特殊教育提供了多样化的教育形式,包括特殊教育学校、特殊教育班、随班就读、送教上门或远程教育等。1987年,在普通学校就读的残疾学生为0.64万名,残疾儿童入学率只有6%左右,现在已经达到95%以上。改革开放前,我国没有培养特殊教育教师的专门机构。改革开放后,为了培养高层次的特殊教育人才,国家开始在一些省份建立特殊教育师范学校(部、班),在部属师范大学建立特殊教育专业。1986年,北京师范大学教育系设立特殊教育专业,当年第一次在全国招收本科生。随后,华东师范大学等数十所大学相继建立特殊教育专业,一批特殊教育硕士、博士点也相应建立。

融合教育、早期干预、多重残疾儿童教育等发展飞快。各地政府对适龄残疾儿童义务教育要优先考虑就近就便入学,要配置所需特殊教育教师,提供必要的经费保障,并有计划地在普通学校设立特殊教育资源教室。新修订的《残疾人教育条例》也明确指出,要"优先采取普通教育方式"。

扩大并改善幼儿特别是残疾幼儿的保育和教育,使他们的残疾状况或程度减轻,可以使他们潜能得到开发,同时还可以预防第二种障碍或第二次障碍的出现。新修订的《残疾人教育条例》和《特殊教育提升计划》都明确指出,要"加大力度发展残疾儿童学前教育",将残疾儿童学前教育纳入当地学前教育发展规划,列入国家学前教育重大项目。

特殊教育学校要扩大招生规模和类型,依法接收残疾程度较重的残疾儿童入学,实现残疾儿童教育"零拒绝""全覆盖",对那些不能到校就读、需要专人护理的适龄多重或重度残疾儿童,采取送教上门等方式提供教育。

特殊教育的质量得到较大提升。提高残疾人的教育质量,课程的针对性、适宜性是需要考量的重要因素。相对于普通教育而言,特殊教育课程的适宜性更加重要。对于残疾学生来说,不是所有学生都需要开设相同的课程、学习相同的内容、采取相同的评价标准。

残疾学生能够学习什么内容、达到什么样的标准主要还是由其能力来决定。因此，我国特殊教育更加重视残疾学生的课程适宜性，因材施教、因人而异，使每个残疾学生都能够得到更好的发展。

进入新时代，特别是2023年6月，中共中央办公厅、国务院办公厅发布《关于构建优质均衡的基本公共教育服务体系的意见》，文件进一步明确了基本公共教育服务的主要内容，强化政府保障责任，完善政策保障体系，织牢织密服务保障网，推进基本公共教育服务覆盖全民、优质均衡。对特殊教育提出三大任务：一是加强义务教育阶段特殊教育学校建设和普通学校随班就读工作，健全面向视力、听力、言语、肢体、智力、精神、多重残疾以及其他有特殊需要的儿童的特殊教育服务机制。二是坚持精准分析学情，全面建立学校学习困难学生帮扶制度。三是健全面向全体学生的个性化培养机制，优化创新人才培养环境条件。教育部、国家发展改革委、财政部随后联合印发《关于实施新时代基础教育扩优提质行动计划的意见》，提出强化新时代特殊教育优质融合的发展目标，提出办好更加公平、更高质量特殊教育的若干重要举措，是进一步推进教育公平、切实保障广大特殊儿童青少年受教育权利的需要，更是促进残疾人全面发展和共同富裕、加快建设教育强国的需要，意义重大，影响深远。

特殊教育的扩优提质，就是着眼公共服务均等化，加快推进优质特殊教育普遍惠及每一名特殊儿童青少年；就是着力发展素质教育，提升特殊教育育人质量，促进特殊人群的多元发展。到2027年适龄残疾儿童义务教育入学率保持在97%以上。这是一个发展性目标，是对适龄残疾儿童义务教育阶段入学率已经达到95%的新期待；更是一个刚性目标，既要求巩固好已有的普及成果，更要为义务教育普及水平真正实现"一个都不能少"继续努力。措施为：一是扩充学位资源，实现"全覆盖"。我国实现了30万人口以上县"县县有特校"的保障任务。本次《意见》提出，鼓励20万人口以上的县办好一所达到标准的特殊教育学校，并要求20万人口以下的县要因地制宜设立特教班，实现特殊教育学校（班）县县全覆盖。二是扩大资源供给，实现"全学段"。《意见》以建设从幼儿园到高中全学段衔接的十五年一贯制特殊教育学校为抓手，加快特殊教育从义务教育向两头延伸，实现特殊学生基础教育全学段衔接，为终身学习奠定坚实基础。三是加快类型资源建设，实现"全谱系"。

融合教育的高质量推进，让广大特殊儿童青少年和普通儿童青少年在融合环境中相互理解尊重、共同成长进步，是特殊教育发展的重要方向，可以说，融合教育质量水平高低是特殊教育质量的重要"试金石"。

高质量融合教育要求：一是学校提升课程规划和教学实施质量。课程是全部教育目标的载体，学校教育的育人功能主要依靠课程方案的设计与实施来体现。教学是学生素养发展的载体，德智体美劳全面发展主要依赖教学活动完成。必须全面落实课程方案和课程标准，遴选基础教育精品课，推进教学方式方法创新，实现对特殊学生的差异化教学，满足学生多样化学习需求，促进特殊学生全面而有个性地发展。二是要求教师提升育人能力和质量。要强化师范生综合素质和全面育人能力培养，加强教研支撑，以高质量的特殊教育队伍为特殊教育发展提供强大动力。三是要求专业部门提升特殊教育体系服务质量。要组织遴选融合教育示范区和示范校，推进国家、省、市、县、校五级特殊教育资源中心建设，充分发挥示范区、示范校的示范引领作用和各级特殊教育资源中心的专业指导作用。四是要求多方参与提升跨领域资源整合质量。大力推进特殊教育与普通教育、职业教育、医疗康复、信息技术深度融合，充分满足特殊学生接受普通教育、掌握一技之长融入社会以及接受优质适宜的医疗康复服务需求，并实现以数字化赋能提升特殊教育治理水平和育人质量。

要实现目标，还是要靠政府。政府的责任是要对特殊教育事业的全面领导和统筹，为特殊教育优质融合发展提供了坚强的支持保障。关键做到以下三点：一是强化普惠保障。必须坚持落实政府主体责任，加强统筹规划和条件保障，加大政策、资金、项目向特殊教育倾斜力度，尽力而为、量力而行，不断加大财政投入力度，特别提出要优先将家庭经济困难的残疾儿童纳入资助范围，补助残疾学生特殊学习用品、教育训练、交通费等。二是强化标准引领。切实发挥评价指挥棒作用，用好学前教育、义务教育和特殊教育办学质量评价指南，推动各地完善质量评价实施方案，组织做好学校自评，以评促建，提升特殊教育办学质量。三是强化协同共育。办好特殊教育是全社会的共同责任。推动形成政府统筹协调、学校积极主导、家庭主动尽责、社会有效支持的协同育人格局，落实各方相应责任及沟通机制。

可以说，这个文件无疑吹响了新时代加快建设高质量特殊教育体系、推动特殊教育优质融合发展的号角。我们务必要充分认识把握特殊教育扩优提质的核心要义，将重大行动战略举措转化为切实行动，深耕细作、求实求效，真正让每一名特殊儿童少年都能感受到党和政府的温暖，都能有一个幸福美好的童年，为教育强国建设做出新的贡献。

但我们应该看到，特殊教育发展同时又遇到新挑战，主要在于：①提升特殊教育普及水平难度加大。历史原因造成的教育资源不足；多类型特殊需要群体需要解决的问题多，难度不小而且也很突出；残疾儿童非义务教育发展基础比较弱。②特殊教育支持保障体系尚不健全，尚未形成稳定的投入机制；特殊教育学校相对闭塞，高水平发展困难；普通学校和非义务教育阶段特殊教育学校缺少专门的经费标准和制度化支持；随班就读缺乏专业支持机制。③特殊教育师资数量不足，待遇偏低，专业能力不强。师资配备标准，如特殊教育师生比、资源教师和相关专业人员不能满足实际需要；教师专业化水平整体不高；特殊教育师资培养质量需要提高等。④教育教学针对性差，质量参差不齐。特别在特殊教育学校教材使用，课程资源开发与使用，教学评价以及其他残疾类型教育教学，如孤独症儿童的课程教材；数字校园、智慧校园等特殊教育信息化建设水平还比较落后。⑤融合教育总体质量，特别是认识水平、支持保障体系和个别化教学能力等。

要破解特殊教育发展瓶颈，特别在教育资源、残疾类型、学段、办学条件、办学经费、教师队伍、融合教育、课程资源、教育评价、课程改革等各个方面需要大力改进，主要措施为：

（1）特殊教育服务群体进一步扩大，推进融合教育具有重要意义。要关注多类型特殊教育需要群体，加强孤独症等特殊儿童教育教学，优化孤独症儿童教育教学服务布局，积极探索符合各种各类特殊儿童的培养方式，做好"两头延伸"、康复与职业技能提升等开拓性工作。

（2）全方位、全体系深度推进融合教育。对适龄残疾儿童义务教育入学率达到97%，努力实现残障人士的全生命周期的终身教育。加强普通教育和特殊教育融合，推动职业教育和特殊教育融合，促进医疗康复、信息技术与特殊教育融合，强化融合教育的支持与保障体系。

在学校层面：融合教育管理、融合教育课程建设及教学、融合教育班级管理、融合教育文化环境建设、家校共育等提高融合教育质量、推进融合教育发展的内容。

在学生层面：通过科学评估、方案制订、环境创设、教学支持、融合成长及转衔辅导等促进残疾学生和普通学生融合发展，全面提升育人质量。

普通学校的责任：转变思想观念、加强支持保障体系建设、课程改革与评价改革、校园文化和舆论氛围。

特殊教育学校的责任：将特殊教育学校建成区域特殊教育指导中心，大力推进融合教育。

（3）积极打造特殊需要学生的学习新生态。在制订差异化培养方案时，通过科学评估，针对性做好潜能开发、缺陷补偿方案；做到家庭与学校、普校与特校、学校与实习基地、线上线下的"随时随地学习"；对各类学习困难学生全面容纳和全方位支持，了解读懂新课标，完善培养目标，优化课程设置，聚焦核心素养，推动跨学科主题学习，突出实践育人功能，加强评价改革，优化教育教学培训，提高科研能力与水平。

（4）加强特殊教育资源配置，构建特殊教育专业支持网络。要因地制宜，合理配置特殊教育资源。鼓励在九年一贯制学校或寄宿制学校设立特殊教育班，提出大力推进国家、省、市、县、校五级特殊教育资源中心建设，合理布局孤独症儿童特殊教育学校等服务配置。优化课程资源建设，确保政治方向，确保内容严谨、准确，确保充分体现先进的教育思想和教育理念，确保内容符合不同年龄阶段不同类别残疾儿童的教育特点，确保适用、好用、够用，确保纵向衔接和横向协调。

（5）加强特殊教育保障。将义务教育阶段特殊教育生均公费经费补助标准提升至每生每年7000元以上，提升教育教学保障、师资保障、办学经费保障、学位保障、办学条件保障水平。

（6）营造尊师重教的良好风尚。需要建立专门的特殊教育教师资格，建立专业资质规范、专业成长道路通畅、专业能力一流的特殊教育教师和其他专门人才队伍。完善专兼职结合的人才机制，教育、医疗、康复的整合机制，教育事业、医疗康复事业、民政福利事业、残疾人事业的整合机制，人才的使用、流动和成长机制。做到培训工作经常化、制度化。大力弘扬教育家精神。

（7）要有更加完善的体系建设。这需要：①普及普惠、医教融通、学段融通、畅通便利的残疾人终身教育体系；②全面覆盖、系统集成、重点帮助、个别指导的特殊需要障碍学生学习支持体系；③科学选拔、灵活多元、科教协同、全球视野的拔尖创新人才培养体系。

（8）要提供更加强有力的支持保障。这主要在于：①年限不断延伸的免费教育；②力度不断加大的资助；③特教特办的人、财、物投入机制；④不断提升的特殊教育师资队伍的职业吸引力。

全国教育大会要求：加快建设高质量教育体系，推动义务教育优质均衡发展，解决好人民群众关于教育的急难愁盼问题。加强高素质专业化教师队伍建设，提升教书育人能力，巩固好教育强国建设的重要根基。实现国家提出的更高质量发展目标，其重点是在融合教育的进一步普及，课程建设进一步加强，个别化教育和适宜水平进一步提升，教育管理活力更加充满活力，学生出彩成材更多机会，教师更有幸福感，家长更多获得感和满意度，与社会更加融合，育人质量更加服务国家发展需要。

新时代，新目标，给我们提出了非常重要的新任务。为此，本人与特殊教育同人一起根据新的"教育强国，特教有为"要求，专门编写出版一套《特殊教育丛书》，可以作为新时代特殊教育教材或研究参考指导，为高质量发展特殊教育，使每一个特殊儿童"有学上"，还"上好学、能出彩"，为中华民族的伟大复兴，每一个人都能人尽其才、各展风采，早日实现伟大"中国梦"做出一份贡献。

国家社科重大招标项目　首席专家
浙江工业大学、南京特殊教育师范学院 特聘教授

2024 年 8 月于杭州

前　言

"儿童是由一百组成的，孩子有一百种语言……"。孩子不仅仅有一百种，还有成百上千种。其中有一种是我们在现实生活中很少遇到的特殊儿童。

首次接触特殊儿童是读书期间，直到现在我依然清晰地记得在美丽的随园校园里，朦胧的路灯下，孩子的妈妈拉着我的手哽咽着说："我多想听到他叫我一声妈妈啊！"我当时还未为人母，竟也潸然泪下！孩子的幼儿园老师疑惑地问：这个孩子怎么啦？为什么到现在还不会说话？当时的我也不知道这个孩子怎么啦，我只是凭借着经验感觉：这个孩子怪怪的！后来我才知道：在这个世界上，存在着另外一种孩子，他们和我们在幼儿园常见的孩子有更多的不同，他们也是天使，另类的天使！

从20世纪80年代开始，我国就已经开始出现特殊儿童进入普通幼儿园，和普通儿童一起接受保育和教育的融合教育。但当时接受特殊儿童的幼儿园很少，能够进入幼儿园的特殊儿童更是凤毛麟角。进入21世纪，随着社会的发展，特殊儿童的学前教育越来越受到国家的重视。我国陆续颁布了保障学前特殊儿童平等受教育权的各项法律法规，特殊儿童进入幼儿园和普通儿童一起生活、一起游戏如今已经成为整个社会的共识，成为整个教育发展的趋势。所有的人都在经历着这一过程，受益的不仅仅是特殊儿童，还有普通儿童，也有所有这些儿童的家长，以及这个社会中的每一个个体。在这一过程中最重要的因素是幼儿教师。因为幼儿教师是政策的执行者，是他们把一条条枯燥和简洁的法律法规条文真真切切地落实为孩子们日复一日的生活。

硕士研究生毕业后，由于工作的原因我开始有机会接触不同障碍类型的特殊儿童以及他们的父母及教师。在了解熟悉的过程中，我常常感叹特殊儿童父母的巨大付出，同时也由衷地佩服从事特殊教育工作的教师，特别是那些没有特殊教育背景的幼儿教师。

幼儿教师为所有的孩子创造了一个神奇的场域，所有的教育理论在这个场域中得到具体的体现。在学前融合教育班级中充分展示了"有教无类""因材施教"以及"桃李不言，下自成蹊"。在学前融合教育班级一起吃饭、睡觉、游戏和学本领的孩子们会慢慢长大，将来会长成少年、青年。"十年树木，百年树人。"而那时候，如果某一天他们遇到了特殊人群，他们或许会想起他们儿时在一个班级、一个幼儿园一起生活过的特殊小伙伴，想起他们的老师曾经是如何对待他们。我们会看到在他们美好的幼儿园时期，幼儿教师种下的学前融合教育的种子发芽、开花和结果吧！

感谢学前融合教育课题组特殊学校和幼儿园的各位老师，在这个温暖的集体中，我心怀感恩。感谢接纳我去班级做研究的幼儿园和教师们。遗憾的是，我不能在这里将幼儿园和教师们的真实姓名一一列出，但每次和她们在一起，我总会有无尽惊喜的收获。感谢她们信任我。没有她们无私的接纳和支持，就没有今天的研究成果。

感谢西北大学出版社"特殊教育丛书"的编辑；感谢此丛书总主编徐云教授。本书的出版也得到南京特殊教育师范学院江苏省"十四五"重点学科教育学的资助，在此一并感谢。

本书在撰写过程中参考了大量的文献资料，但也难免挂一漏万，在此对于所有给我启示的学者致以衷心的感谢和崇高的敬意。如有不当之处，恳请批评指正！

欧阳新梅

2024 年 6 月

目 录

第一章 幼儿教师融合教育体验研究概述 …………………… (1)
  第一节 研究缘起与研究意义 ………………………………… (1)
    一、研究缘起 ………………………………………………… (1)
    二、研究意义 ………………………………………………… (8)
  第二节 核心概念的界定 ……………………………………… (8)
    一、融合教育 ………………………………………………… (8)
    二、学前融合教育 …………………………………………… (9)
    三、学前融合教育教师 ……………………………………… (9)
    四、融合教育体验 …………………………………………… (10)
    五、特殊需要儿童 …………………………………………… (10)
    六、特殊教育需要儿童 ……………………………………… (11)
  第三节 研究的理论基础 ……………………………………… (13)
    一、人类发展生态学理论 …………………………………… (13)
    二、马斯洛的需要层次论 …………………………………… (14)
    三、现象学理论 ……………………………………………… (16)
  第四节 相关研究文献综述 …………………………………… (17)
    一、国外相关研究综述 ……………………………………… (17)
    二、国内相关研究综述 ……………………………………… (20)
    三、对已有研究的评析 ……………………………………… (24)

第二章　幼儿教师融合教育体验研究设计 ……………………（ 26 ）
第一节　研究目的 ………………………………………………（ 26 ）
第二节　研究内容 ………………………………………………（ 27 ）
一、幼儿教师的融合教育体验 …………………………………（ 27 ）
二、幼儿教师融合教育体验的特点 ……………………………（ 28 ）
三、相关建议与思考 ……………………………………………（ 28 ）
第三节　研究方法 ………………………………………………（ 29 ）
一、访谈法 ………………………………………………………（ 29 ）
二、观察法 ………………………………………………………（ 30 ）
三、问卷调查法 …………………………………………………（ 30 ）
四、实物分析法 …………………………………………………（ 31 ）
第四节　研究资料的收集与分析过程 …………………………（ 31 ）
一、选择研究对象 ………………………………………………（ 32 ）
二、研究对象的简介 ……………………………………………（ 33 ）
三、研究方法的选择 ……………………………………………（ 41 ）
四、访谈地点的选择 ……………………………………………（ 43 ）
五、研究资料的呈现与结果分析 ………………………………（ 43 ）
六、研究者的角色 ………………………………………………（ 48 ）

第三章　幼儿教师的融合教育体验 ……………………………（ 50 ）
第一节　幼儿教师的融合教育心路历程 ………………………（ 51 ）
一、迷惘与怀疑 …………………………………………………（ 51 ）
二、矛盾与纠结 …………………………………………………（ 54 ）
三、焦虑与无助 …………………………………………………（ 55 ）
四、淡定与从容 …………………………………………………（ 57 ）
第二节　幼儿教师的融合教育实践历程 ………………………（ 59 ）
一、初识小儿，手足无措期——这个孩子正常吗 ……………（ 60 ）
二、诊断确认，矛盾冲突期——这个孩子不一样，
　　是否可以劝退 ………………………………………………（ 62 ）

三、面对现实，尝试融合期——我该怎么办 …………（66）
　　四、排除万难，曲折实践期——如何实施融合 …………（67）
第三节　幼儿教师融合教育过程中与"重要他人"的互动体验
　　　　………………………………………………………（75）
　　一、学前融合教师与特殊需要儿童的互动体验
　　　　——痛并成长着 …………………………………（75）
　　二、学前融合教师与特殊需要儿童家长的互动体验
　　　　——以心换心换真情 ……………………………（83）
　　三、学前融合教师与幼儿园领导的互动体验
　　　　——锲而不舍寻支持 ……………………………（84）
　　四、学前融合教师与同班教师的互动体验
　　　　——同舟共济渡难关 ……………………………（85）
　　五、学前融合教师与专业成长共同体的互动体验
　　　　——抱团取暖也取经 ……………………………（86）

第四章　幼儿教师融合教育体验的影响因素分析 …………（91）
　第一节　幼儿教师学前融合教育中的重要他人 …………（91）
　　一、特殊需要儿童的障碍特点是影响幼儿教师
　　　　融合教育体验的首要因素 ………………………（91）
　　二、特殊需要儿童家长的态度是影响幼儿教师
　　　　融合教育体验的关键因素 ………………………（96）
　　三、园长的态度和行为是影响幼儿教师融合教育
　　　　体验的重要因素 …………………………………（98）
　第二节　幼儿教师的个人因素 ……………………………（101）
　　一、坚定的专业理念与高尚的师德 ………………（102）
　　二、主动学习 ………………………………………（104）
　　三、勤于反思 ………………………………………（105）
　　四、执着坚守 ………………………………………（107）
　第三节　社会制度与文化观念 ……………………………（109）

一、服从惯习下的幼儿教师与权威的幼儿园园长……（109）
　　二、多重压力下的特殊需要儿童家庭与需要专业
　　　　引领的幼儿教师………………………………（112）
　　三、沉重的保教压力下的幼儿教师与亟须建立
　　　　的支持系统……………………………………（114）
　第四节　个人与环境的相互作用……………………（116）
　　一、融合教育中的幼儿教师在与环境的相互适应中
　　　　共同成长………………………………………（116）
　　二、融合教育中的幼儿教师在与环境的矛盾冲突中
　　　　共同发展………………………………………（121）

第五章　结论与讨论………………………………………（125）
　第一节　幼儿教师的融合教育体验本质特点…………（125）
　　一、幼儿教师融合教育体验本质是教师个人的成长……（125）
　　二、幼儿教师的融合教育体验过程充满着张力和矛盾
　　　　………………………………………………（132）
　第二节　对融合教育中幼儿教师角色的讨论…………（136）
　　一、学前融合教育中的幼儿教师是爱孩子的人………（137）
　　二、学前融合教育中的幼儿教师是给孩子确定
　　　　边界的人………………………………………（138）
　　三、学前融合教育中的幼儿教师是帮助孩子塑造
　　　　人格的人………………………………………（140）
　第三节　对融合教育中特殊需要儿童教育安置方式的讨论
　　　　………………………………………………（142）

第六章　学前融合教育的建议与思考……………………（152）
　第一节　给融合教育班级幼儿教师的建议……………（152）
　　一、心理上：调整心态，接纳孩子……………………（152）
　　二、行动上：以身作则，做好表率……………………（154）
　　三、积极与家长沟通，家园融合进行教育……………（155）

四、创造融洽的班级氛围 …………………………（157）
　　五、全面提高自己的教育教学能力 …………………（160）
　　六、关注自我的成长 …………………………………（164）
　第二节　给教育相关部门的建议 …………………………（168）
　　一、建立有效的学前融合教育保障制度 ……………（168）
　　二、建立相关的支持体系 ……………………………（172）
　　三、重视教师培训：建立走向专业发展的学前
　　　　融合教师教育 ……………………………………（174）
　第三节　研究者的思考 ……………………………………（185）
　　一、研究的信度与效度 ………………………………（185）
　　二、研究的伦理道德问题 ……………………………（187）
　　三、研究的创新和不足 ………………………………（189）
　　四、未来研究的问题 …………………………………（190）

附录一　幼儿教师访谈提纲 ……………………………………（193）
附录二　访谈对象基本资料 ……………………………………（194）
附录三　学前融合教育教师调查问卷 …………………………（195）
附录四　融合教育家长集体访谈提纲 …………………………（197）
附录五　融合教育班级幼儿访谈提纲 …………………………（199）
参考文献 …………………………………………………………（200）

第一章 幼儿教师融合教育体验研究概述

第一节 研究缘起与研究意义

一、研究缘起

(一)时代发展:融合教育的发展给幼儿教师提出了新的挑战

从世界范围来看,特殊教育发展的历史就是一部特殊需要儿童经历了肉体被消灭、隔离生存、隔离教育直至与普通儿童融合教育的历史,是一部人类文明不断进步的历史。在日益追求教育公正与公平的今天,特殊教育发展水平已经成为衡量一个国家与社会文明进步程度的重要标志。

从隔离到融合,特殊教育走过了一条曲折而艰难的道路。第二次世界大战后,北欧国家提出"正常化"(normalization)的教育思想,主张改革原来隔离式教养机构的封闭环境,将这些环境中的儿童安置到正常的社会环境中,给他们提供正常的学习和生活条件,使他们能够适应社会。萌芽于"正常化运动",从20世纪60—70年代开始,英国等西欧、北欧国家开始出现"融合教育"(integration),也称为"一体化教育",即把原来隔离在特殊教育机构中的特殊儿童放在普通学校与普通学生一起接受教育。20世纪70年代以后,由于美国等发达国家的广泛倡导,"回归主流"(mainstreaming)成为一种新的特殊教育体制的思想体系。其核心内容是让残疾儿童在"最少受限制的环境"(least restrictive environment,LRE)中接受教育,根据残疾儿童的特点,制订适合特殊儿童发展的"个别化教育计划"(individualized educational plan,IEP),改变将特殊儿童集中在特殊教育学校与普通儿童隔离进行教育的传统教育方式,让特殊儿童尽可能在普通学校与普通学生一起学习和生活,达到让特殊教育的"支流"回归普通教育的"主流"、特殊教育与普通教育互相融合的目的。

20世纪中期,随着美国民权运动的兴起,1975年美国国会通过94-142公法,即《所有残疾儿童教育法案》,明确保障3~21岁全体残障儿童接受免费、合适的公共教育。此后,这一法案在1986年、1990年、1997年、2004年经历了多次修订,在修订过程中,修订者们分别提出融合教育中非常重要的概念"零拒绝""个别化教育计划""个别化转衔计划""不落下任何一个孩子"等。1990年美国将这一法案修订为《障碍者教育法案》(The Individuals with Disabilities Education Act,IDEA),1997年法案又统一修订为 IDEA 修订案(The Individuals with Disabilities Education Act Amendments),1999年美国联邦教育部公布 IDEA 修正案的实施细则,融合成为其教育的基本原则和主导思想。

1994年联合国教科文组织在西班牙萨拉曼卡召开"世界特殊教育需要大会"。大会通过的《萨拉曼卡宣言与特殊需要教育行动纲领》明确提出"融合教育"概念。这个纲领提出融合学校的基本原则是:"在一切可能的情况下,全体儿童应在一起学习,无论他们有何种困难或差异。融合学校要兼顾学生之间的不同需要,顺应不同的学习类型和学习速度,通过适宜的课程、学校组织、教学策略、资源利用及社区合作,确保面向全体学生的教育质量。"①

---

① 朴永馨. 特殊教育辞典[Z]. 北京:华夏出版社,2015:50-51.

第一章
幼儿教师融合教育体验研究概述

随着全球化的发展以及世界各国政治、经济和文化交流的频繁，融合教育思潮自提出以来便因其进步的思想在全球范围内得到广泛的传播。融合教育的理念、研究和实践深深影响了全世界特殊教育和普通教育的发展，成为世界特殊教育和普通教育发展的主要趋势。随着进入普通学校进行融合教育的特殊儿童越来越低龄化，出现了学前融合教育。

我国从20世纪末开始，北京、上海、江苏等经济、文化较发达地区已经出现个别特殊需要儿童进入普通幼儿园进行融合教育的试验，积极探索特殊需要儿童进入普通幼儿园进行融合教育的经验。2007年中国共产党第十七次全国代表大会提出"重视学前教育，关心特殊教育"；2012年中国共产党第十八次全国代表大会提出"办好学前教育，支持特殊教育"；2017年中国共产党第十九次全国代表大会提出"办好学前教育、特殊教育……努力让每个孩子都能享有公平而有质量的教育"。《国家中长期教育改革和发展规划纲要（2010—2020年）》指出："特殊教育是促进残疾人全面发展，帮助残疾人更好地融入社会的基本途径……因地制宜发展残疾儿童学前教育。"中国是世界上人口最多的国家，也是世界上残疾人口最多的国家。据中国残疾人联合会等有关部门2006年12月公布的抽样调查结果显示，全国约有0~6岁残疾儿童139.5万，每年新增0~6岁残疾儿童约19.9万。调查还显示，3~6岁残疾儿童接受学前教育率为43.92%，远低于正常儿童。为残疾儿童提供学前教育的特殊机构严重匮乏，普通学前教育机构缺少接纳残疾儿童的师资力量和相应设施。3~6岁残疾儿童学前教育状况亟待改善。[①] 改善残疾儿童学前教育状况的方法是大力发展学前特殊教育，其中支持并发展学前融合教育就是一条重要的途径。

支持并发展学前融合教育必须依托广大的幼儿园。我国教育部

---

① 中国教育和科研计算机网 http://www.edu.cn/20031223/3096336.shtml.

2016年颁布实施的《幼儿园工作规程》规定,幼儿园应当为在园残疾儿童提供更多的帮助和指导。2017年,教育部会同相关部门启动实施了第三期《学前教育行动计划》,进一步推动各地支持普通幼儿园接收残疾儿童,在特殊教育学校增加学前部或附设幼儿园,在有条件的地区设置专门招收残疾孩子的特殊幼儿园,鼓励采取半日制、小时制等多种形式提供早期康复教育服务。2017年5月,修订后的《残疾人教育条例》总则第七条明确提出:"学前教育机构、各级各类学校及其他教育机构应当依照本条例以及国家有关法律、法规的规定,实施残疾人教育;对符合法律、法规规定条件的残疾人申请入学,不得拒绝招收。"第四章学前教育第三十一条明确提出:"各级人民政府应当积极采取措施,逐步提高残疾幼儿接受学前教育的比例。县级人民政府及其教育行政部门、民政部门等有关部门应当支持普通幼儿园创造条件招收残疾幼儿;支持特殊教育学校和具备办学条件的残疾儿童福利机构、残疾儿童康复机构等实施学前教育。"在全社会强调重视特殊需要儿童的学前教育的时代浪潮下,特殊需要儿童进入普通幼儿园进行学前融合教育成为一个必然的发展趋势。这一趋势顺应了时代的发展要求,同时也给幼儿教师提出了新的挑战。

幼儿教师是影响学前融合教育最为关键的因素,支持与发展学前融合教育必须重视幼儿教师。探讨幼儿教师的融合教育体验成为时代的呼唤,帮助幼儿教师在较短的时间内较快地适应融合教育中各种儿童、家长以及教育的要求,成为学前教育及特殊教育事业发展的共同诉求。

(二)现实要求:幼儿教师融合教育体验相关研究的薄弱

在实践中面临困难和挑战时,有的幼儿教师选择了退缩、躲避;有的幼儿教师止步不前;也有的幼儿教师会在这些困难和挑战面前勇往直前,调整自身,带给儿童所需要的教育。他们有的心情郁闷,怨言满满,最终逃避;也有的学前融合教育教师没有特别不同的感觉,心态比较平和;还有一部分幼儿教师在面对特殊儿童、正常儿童、特殊儿童家长、正常儿童家长以及幼儿园管理者多方面不同的教育要求的情境中,经历了一个各种因素相互作用不断调整自己面对压力,适应新的教育要求的过程。面对特殊需要儿童,特殊学校的教师是专业的群体;而面对学前融合教育,幼儿教师是最有经验的人群。从幼儿教师身上,我们才能发现和找到最需要的有效的融合教育经验。

一个幼儿园的学前融合教育能够坚持并推进,无疑是幼儿园管理者、特殊儿童家长、正常儿童家长等各方面力量支持和配合,各个因素共同努力的结果。在这个共同努力的过程中,最重要的因素是什么?融合教育最关键的要素是教师的质量,高素质的教师是推进融合教育的关键。①

因此,本研究选取了学前融合教育班级的幼儿教师作为研究对象,以期从这个最细微、最重要的角度入手,深入探寻融合教育中幼儿教师所面对的困难与压力,尝试了解学前融合教育班级幼儿教师的困扰与焦虑,理解并尽力共情他们接纳特殊需要儿童后的教育实践经历和在这个过程中他们的心路历程,以及他们在融合教育中与"重要他人"的互动体验,希望对正在或将要进行融合教育的幼儿教师有所帮助。

确定研究对象为学前融合教育教师之后,研究者在一次研讨会上采取随机取样的方式对所熟悉的学前融合教育教师进行了10人的集体访谈,了解经历过或者正在经历着学前融合教育的幼儿教师对学前融合教育的看法。参与集体访谈的幼儿教师对学前融合教育的态度不一致,支持、反对、中立的声音都存在。研究者认为有必要扩大研究对象的范围,了解更多的幼儿教师对学前融合教育的态度以及他们所关心的问题。于是研究者在较为熟悉的幼儿教师群体里

---

① 周满生.关于"融合教育"的几点思考[J].教育研究,2014(2):152.

以问卷调查的方式做过一次集体调查。问卷调查结果发现：30份支持，2份明确反对，3份没有明确表明自己的态度，但表示"再有这样的孩子，建议园里先给孩子评估一下，或者让家长出具相关的诊断证明，再入班。建议给所在班级再配备一名老师"。

幼儿教师对学前融合教育的态度与他们各自在学前融合教育过程中的体验直接相关。学前融合教育体验感觉"往事不堪回首"或者"一言难尽"的幼儿教师虽然也认为"教育应公平"，但他们对学前融合教育持反对的态度。保持中立观点的幼儿教师态度模糊，他们对学前融合教育的态度主要"看孩子"。对学前融合教育持支持态度的幼儿教师融合教育体验较为复杂，非常具有深入探讨的意义和价值。例如，有的幼儿教师认为感觉"还好""没什么"，所以支持学前融合教育；而有的幼儿教师感觉"很累，但还是支持"；也有的幼儿教师表示"刚开始很难接受，现在好多了"。为什么同样都是融合教育教师，他们的融合教育体验有着如此之大的不同？哪些因素影响了幼儿教师的融合教育体验？这些有趣的问题共同组成了有关幼儿教师的融合教育体验研究的专题。

然而目前关于幼儿教师融合教育体验的研究相对比较匮乏，系统的研究更是空白。目前有关学前融合教育教师研究中讨论最多的是学前融合教育中的幼儿教师"应该怎样做"，讨论学前融合教育教师的态度与观念、融合教育的课程选择和内容调整，去适应包括特殊需要儿童在内的所有儿童的发展，怎样以无限的爱心去应对特殊需要儿童的各种情绪和行为问题。学前融合教育中的幼儿教师既需要清楚普通儿童心理学和教育学的知识，还需要明白各类特殊需要儿童的心理与教育对策；既需要一人面对大约40个孩子上课，还需要"眼观六路，耳听八方"；幼儿教师既需要和特殊需要儿童家长沟通顺畅，还需要做好普通儿童家长的思想工作……

在融合教育环境中，幼儿教师需要怎样调整自己以适应变化了的教学环境？他们面对多方的教育诉求，如何调整自己以适应特殊

第一章 幼儿教师融合教育体验研究概述

儿童、普通儿童、特殊儿童家长、普通儿童家长以及幼儿园管理者等不同人群的教育要求？很少有人真正走进学前融合教育幼儿教师日复一日的生活中，关切地问问他们："亲爱的，你们遇到了哪些问题？我们可以怎样理解、帮助和支持你们？"关注日复一日沉浸在幼儿园融合教育班级的幼儿教师日常琐碎生活中发生了什么，他们在"竭尽所能，尽己之力"的情况下如何应对纷繁复杂的困难，其意义远远大于通过"站在高处"的方式告诉他们应该怎样做。"教育是教学、养育的活动，或者从广泛意义上讲，是与孩子相处的活动，这就要求在具体的情境中不断进行实践活动。"① 因此研究者认为，理解幼儿教师在具体的融合教育情境中如何进行教学和养育，他们是如何与孩子们相处的，比单纯地指导幼儿教师应该做什么更重要。融合教育中幼儿教师在自身发展、师生互动、教育教学、家园互动等各个方面都面临着新的问题和挑战，同时融合教育的发展也给幼儿教师带来职业发展的新的契机和提升。在融合教育发展的今天，只有深入研究身处融合教育环境中的幼儿教师才有可能探寻合适的融合教育之路，为融合教育中的幼儿教师提供切实可行的帮助和支持，为他们提出可供参考的建议，促进我国融合教育的发展。

综上所述，研究幼儿教师的融合教育体验是时代发展的呼唤，也是我们国家学前教育和特殊教育发展的必然选择。作为从事特殊教育与学前教育的教师，由于个人的工作经历以及个人的情感，研究者认为研究幼儿教师的融合教育体验对整个国家融合教育的发展，对融合教育中的普通儿童、特殊儿童、对社会发展和幼儿教师的专业发展具有极其重要的意义。因此，幼儿教师的融合教育体验是我国学前融合教育事业发展过程中需要研究的首要课题。

---

① 范梅南. 生活体验研究：人文科学视野中的教育学 [M]. 宋广文等译. 北京：教育科学出版社，2003：2.

二、研究意义

本研究的目的是通过参与、观察、聆听、共情幼儿教师在学前融合教育过程中的教育历程，进入他们的教育世界，呈现幼儿教师在融合教育过程中真实的体验。在此基础上，深入探寻幼儿教师的儿童观、教育观和教师观，展现学前融合教育中幼儿教师如何在与周围环境的互动中发展自己。

（一）理论意义

本研究从理论和实践系统的层面探索融合教育中幼儿教师的融合教育体验，有助于推动我国学前融合教育教师教育的研究，弥补教师研究中有关融合教育中幼儿教师研究的不足，丰富我国幼儿教师师资职后培训和职前培养的理论。

（二）实践意义

通过调查、访谈、观察、作品分析，本研究可以生动地展现幼儿教师在融合教育中的动态的体验，探讨围绕着幼儿教师的各个环境因素是如何影响他们的学前融合教育体验，引发幼儿教师以及与融合教育相关参与者的思考，为幼儿教师提供可资借鉴的教育理念、教育视角以及教育方式，为幼儿教师师资培训和培养提出具体可行的建议，促进我国学前融合教育的发展。

第二节 核心概念的界定

一、融合教育

融合教育：2015年出版的《特殊教育辞典》译为"全纳教育"（inclusive education）。20世纪90年代初期国际特殊教育领域出现的一种新的教育思潮和教育实践。美国国家教育改革及融合教育研究中心(NCERI)的定义是："对所有学生,包括有重大残疾的学生提供得到有效的教育服务的平等机会,包括得到需要补充的工具和辅助性服务并安置到附近学校与其年龄相适应的班级,以达到使学生在社会中像所有成员一样富裕地生活。"①我国2017年5月施行的《残疾人教育条例》在附则第五十八条明确界定：融合教育是指将对残疾学生的教育最大程度地融入普通教育。

二、学前融合教育

学前融合教育是指让有特殊教育需要的学前儿童进入普通幼儿园,与一般儿童共同接受保育和教育的教育形式。② 目前我国学前融合教育呈蓬勃发展的势头,学前融合教育的模式也多种多样：全日融合和半日融合；特殊教育康复训练机构与幼儿园融合相结合；以及反向融合,即普通幼儿园的幼儿到资源教室或者特殊学校的学前班级和特殊幼儿一起进行游戏、学习、生活等教学活动。学前融合教育不仅仅单纯地体现了针对特殊需要儿童的一种教育安置形式,更是"以人为本"的人本主义哲学思想和"教育机会均等"的融合教育理念在学前教育阶段的具体体现。学前融合教育是目前我国特殊教育需要的学前儿童接受"均等的教育机会、均等的教育资源、均等的教育过程"的主要形式。

三、学前融合教育教师

学前融合教育教师是指接纳特殊教育需要儿童、从事特殊教育需要儿童教育实践的幼儿教师。学前融合教师必须满足三个条件：一是幼儿教师。学前融合教师需要具备幼儿教师的资质。二是在普通幼儿园任教。三是幼儿教师所带班级事实存在一个或一个以上特

---

① 朴永馨. 特殊教育辞典[Z]. 北京：华夏出版社,2015：51.
② 周念丽. 中日幼儿园教师学前融合教育意识比较[J]. 幼儿教育(教育科学版),2006(12)：35.

殊教育需要儿童。从理论和实践来讲，学前融合教师应该包括班级的主班教师、配班教师及保育员。但在幼儿园具体的教学实践中，班级的主班教师在教育实践中往往具有主导作用，因此本研究所指的学前融合教师特指幼儿园中具体实施学前融合教育的主班教师。

四、融合教育体验

在现实生活中，我们扮演着不同的角色，同时会有多种生活的体验。对于接纳特殊教育需要儿童的幼儿教师来说，他们在与这些儿童接触交往的过程中也会获得独特的生活体验。融合教育体验即幼儿教师在融合教育过程中的直接经历和感受，本研究主要从幼儿教师的融合教育实践历程、幼儿教师的融合教育心路历程以及在幼儿教师与融合教育时间和空间关系中"重要他人"的互动体验三个方面论述幼儿教师的融合教育体验。

五、特殊需要儿童

特殊需要儿童的概念来源于特殊儿童。特殊儿童：广义的理解，是指与普通儿童在各方面有显著差异的各类儿童。这些差异可表现在智力、感官、情绪、肢体、行为或言语等方面，既包括发展上低于普通儿童，也包括高于正常发展的儿童以及有轻微违法犯罪的儿童。在《美国特殊教育百科全书》中分为天才、智力落后、身体或感官有缺陷（视觉障碍、听觉障碍）、肢体残疾及其他健康损害、言语障碍、行为异常、学习障碍等类型。狭义的理解，专指残疾儿童，即身心发展上有各种缺陷的儿童。又称"缺陷儿童""障碍儿童"。包括智力残疾、听力残疾、视力残疾、肢体残疾、言语障碍、情绪和行为障碍、多重障碍等类型。[①]

《特殊教育辞典》第 3 版中对特殊需要儿童这个概念的界定为：

---

① 朴永馨. 特殊教育辞典[Z]. 北京：华夏出版社，2015：1.

第一章
幼儿教师融合教育体验研究概述

在身心发展或学习、生活中与普通儿童有明显差异,因而需要给予区别于一般帮助的特殊服务的儿童。包括高于正常的超常儿童,学习困难儿童,有视觉、听觉等各种残疾的儿童,在某一方面某个时期在发展或学习中需短期或长期的各种特殊服务的非残疾儿童。20世纪80年代起,欧美一些国家使用此词代替"特殊儿童"和"残疾儿童",目的是消除明确称呼某种残疾儿童对儿童、家长和周围人的不良影响。现已为很多国家学者所使用。①本研究中"特殊需要儿童"和"特殊儿童"这两个概念通用。有时为了简单方便,会用"特殊儿童"这个概念指代"特殊需要儿童"。

六、特殊教育需要儿童

特殊教育需要儿童在《特殊教育辞典》第3版中的界定为:因个体差异而有各种不同的特殊教育要求的儿童。这些要求涉及心理发展、身体发展、学习、生活等各方面长期或一定时间高于或低于普通儿童的要求,不仅包括对某一发展中缺陷提出的要求,也包括对学习有影响的能力、社会因素等提出的要求。1978年在英国瓦诺克(Warnock)报告中首次提出此术语。1981年在英国教育法中正式使用,并定义为:"如果一个儿童有学习困难而需要特殊教育服务,那么就说这个儿童有特殊教育需要。"①也有融合教育思想的倡导者认为"对各种有身心障碍的儿童贴上不同的标签会对这些儿童一生的发展带来许多负面的影响,建议用'特殊教育需要儿童'(children with special educational needs)来代替残疾儿童(handicapped children)的称呼②"。因此,为了避免给残疾儿童"贴标签",也有学者使用"特殊教育需要儿童"代替"残疾儿童"。

本研究所涉及的所有学前融合教育班级中的特殊儿童,都是严

---

① 朴永馨.特殊教育辞典[Z].北京:华夏出版社,2015:2.
② 方俊明.融合教育与教师教育[J].华东师范大学学报(教育科学版),2006(3):38.

格意义上的"特殊需要儿童"。他们都存在各种各样的问题行为,在教育过程中存在明显的学习困难,有特殊教育要求,需要教师提供特殊教育服务,给予特殊教育支持,所以他们也都属于特殊教育需要儿童。例如6位访谈教师所任教班级的特殊儿童都持有正规医院的诊断证明,享受国家残疾儿童补助。在研究者前期的调查中,有的儿童只是"教师感觉不对,但家长从来没有带孩子去医院做诊断,也有可能家长带孩子做了诊断但没有告诉幼儿教师"。但是这些孩子表现各异,比如说20分钟的课,她前10分钟会坐得很好,后10分钟就到处乱跑。也有的儿童破坏力强,到处破坏班级环境,损坏班级物品,比如把饭碗丢进马桶,把水杯丢进小便池,将玩具随意抛出窗外。虽然这些没有正规医院诊断证明的儿童不属于"特殊需要儿童",但他们都属于广泛意义上的"特殊教育需要儿童"。

　　本研究中的"特殊需要儿童"是指有医院正式的诊断证明的特殊儿童。"特殊教育需要儿童"是指没有医院正式的诊断证明或者家长没有出具医院的诊断证明但存在明显学习困难,需要特殊教育服务的儿童。在学前融合教育班级中,一般情况下,特殊儿童都会有特殊的教育需要。但特殊教育需要儿童并不一定持有正式的医学诊断证明。本研究中6位主要的访谈对象所带的特殊教育需要儿童都有医院的诊断证明,属于严格意义上的特殊需要儿童,也是狭义上的特殊儿童。相应的家长集体访谈和班级幼儿访谈也是在此类班级进行的。但参与集体访谈和问卷调查的幼儿教师所指的"特殊儿童",因为有些儿童没有医院的诊断证明材料,因此他们属于广泛意义上的特殊教育需要儿童。这两个概念会根据所涉及儿童的具体情况来斟酌使用。

第三节 研究的理论基础

一、人类发展生态学理论

美国心理学家布朗芬布伦纳(Bronfenbrenner)于1979年提出的人类发展生态学理论认为个体会受到周围生活环境的影响,并在不断与周围环境相互作用的过程中发展和成长。人类发展生态学理论从人与环境相互作用的角度来看个体的发展。生态是有机体正在经历的或与个体有直接或者间接联系的环境。个体生活的环境包括:微观系统、中间系统、外部系统和宏观系统,每个系统之间都有动态的联系,每一系统的变化都会影响其他系统,都会对个体的发展产生影响。当环境发生变化时,个体会面临新的挑战,个体必须学会适应,发展由此产生。从个体发展和生态学的角度来看,学前融合教育中的幼儿教师处于一个复杂的生态系统中。幼儿教师既参与了系统的发展和互动,也影响了各个系统的发展和互动。学前融合教育中的幼儿教师在微观系统、中间系统、外部系统和宏观系统的互动中体验、发展自我,保障每个孩子受教育的权利,实现教育公平。

微观系统是发展中的个体周围亲身接触的环境,对于儿童来说,主要有三种典型的微观系统:学校、家庭和同伴群体,比如亲人、朋友等。对于学前融合教师来说,则主要是班级和同事,如幼儿、配班教师(包括保育员)等。一个或多个微观系统的相互作用产生了中间系统,它是多个系统之间的关系,它是动态的,不断变化的。对于学前融合教师来说,则是与家长(特殊儿童的家长以及普通儿童的家长)之间的关系以及与班级配班教师(包括保育员)之间的关系。班级里是否有特殊需要儿童,以及特殊需要儿童是否能够适应幼儿园的生活,都会对学前融合教师产生非常重要的影响。外部系统是指个体没有直接参与但对个体有着影响的环境。如学前融合教育政策、学前融合教师的社会福利、医疗保险以及特殊教育设施、特殊教育学校等，这些都会对学前融合教师产生影响。宏观系统是个体所处的社会或亚文化中的社会机构的组织或意识形态。包括信仰、生活方式、伦理价值观念等在内的社会文化环境。政府部分的决策、社会团体的影响、意识形态、文化、价值观、信仰等变化会影响到外层系统，进而影响到中间和微观系统。当个体生活的环境或者个体在环境中的角色发生变化时，个体就需要通过调节和改变自己来适应这种改变，即发生"生态变迁"。

影响学前融合教师教育体验的环境主要有学前融合教育班级、幼儿园、社区乃至整个社会，其中对幼儿教师影响最大的就是学前融合教育班级和幼儿园。班级环境、特殊需要儿童和普通儿童、配班教师（包括保育员）、幼儿园园长、同事、特殊需要儿童的家长及其他幼儿家长，以及教师和幼儿之间的关系，教师和同事、园长之间的关系，教师和家长之间的关系都是影响学前融合教师生活和学习的微观系统；幼儿之间的互动和交流、幼儿家长之间的互动和交流、家长和幼儿园园长之间的互动和交流；幼儿家庭与社区之间的互动和交流都可以成为影响学前融合教师融合教育体验的中间系统；大的外部环境是影响学前融合教师的外部系统，如我国的教育政策，特别是关于学前阶段的特殊教育政策。而我们所生活的社会、家庭及幼儿园对特殊需要儿童的观念和看法则成为其宏观系统。

二、马斯洛的需要层次论

美国心理学家马斯洛于20世纪提出了建立在人本主义心理学基础上的"需要层次论"。马斯洛认为人格的实质是个人的自我感和生活的直接体验，我们应该给予两者适当的关注。他认为个体成长发展的力量是动机，而动机是由多种性质的需要所组成，各种需要之间，有先后顺序与高低层次之分，每一层次的需要与需要是否得到满足，将决定个体人格发展的程度。该理论把人的需要由较低层次到较高层次依次排列为：生理的需要、安全的需要、爱和归属的需要、尊重的需要和自我实现的需要。第一层次生理的需要是个体维持自身生存的最基本要求，主要包括对水、呼吸、食物、生理平衡等基本的生理需要。只有这些最基本的需求得到满足后，其他的需要才能成为个体发展的动机和激励因素。第二层次安全的需要是指个体对生活环境、人身安全、健康、财产、道德、工作职位等方面稳定和安全的需求，希望自己的生活环境中没有混乱、恐吓等不安全因素。第三层次爱和归属的需要是个体的生理需要和安全需要得到一定程度的满足之后，自然产生的社会交往的需要。在社会交往中，我们需要得到来自他人的关心与温暖，并给予他人关心与温暖。在这种需要的驱使下，我们会去寻找自己喜欢的人和喜欢自己的人，建立情感上的亲密关系。第四层次尊重的需要是个体对自我尊重、信心、成就、对他人的尊重以及被他人尊重的需求。尊重的需要又分为内部尊重和外部尊重。内部尊重是个体有实力，能独立自主，简而言之就是自尊。外部尊重是个体希望有地位、有威信，能够得到他人的尊重和信赖。马斯洛认为尊重的需要能够使个体体验自己的价值和意义，对自己和社会充满信心和热情。第五层次自我实现的需要是最高层次的需要，是个体接受现实，解决问题，发挥个人能力，实现自我理想，使自己成为自己想要成为的人，达到接受自己和接受他人的自我实现状态。

　　生理的需要、安全的需要、爱和归属的需要属于较低层次的需要，通过外部条件就可以获得满足；尊重的需要和自我实现的需要属于高级需要，它们通过内部因素才能获得满足。同一时期，一个人可能有多种需要，但每一时期，占支配地位的需要会对个体的行为起决定作用。高层次的需要发展后，低层次的需要虽然仍然起一定的作用，但对个体行为的影响将大大减弱，明显不如高层次的需要对个体行动的影响更大。幼儿教师在学前融合教育过程中特别需要得到来自同事、领导和同行给予的接纳、信任等情感和归属的支持，需要得到来自家长、同事、领导的尊重和自我的尊重，在学前融合教育过程中实现自我。

三、现象学理论

胡塞尔的先验现象学认为"预先给定的生活世界的存在意义是主观的构成物,是正在经历着的生活的,前科学的生活成就"。①"只有彻底追溯这种主观性,而且追溯以一切前科学的和科学的方式最终实现一切世界的有效性及其内容的主观性,并且追溯理性成就是什么,是怎样的,只有这样,才能使客观真理成为可以理解的,才能达到世界的最终的存在意义。"①因此,客观真理是深深地植根于生活世界的,是奠基于纯粹生活世界中的。而生活世界是以人为尺度的,是从具体生活的人的角度出发,关注作为实践主体的人的存在和意义。理解作为人存在的生活世界,必须从其生活的场域中去寻找,去发现其存在和意义。而胡塞尔的学生,存在主义现象学大师海德格尔则从研究人在现实世界中的"畏""怕""烦""孤独"等非理性体验,关注现实人生。他认为要认识人的存在,就必须落实到人的现实人生中去。"彻底解答存在问题就等于说:就某种存在者——即发文的存在者——的存在,使这种存在者透彻可见。"②因此,研究学前融合教育中的幼儿教师,就需要抓住幼儿教师生活世界的时空线索,关注教师在生活世界不同场域中的关系互动,回到幼儿教师的生活中,研究他们的现实人生,探寻生活世界中幼儿教师的存在和意义。

为"现象学教育学"开创者之一的范梅南深受胡塞尔、海德格尔等现象学大师思想的影响,将现象学中的"面向事情本身""直观"等方法运用到教育学领域,尝试用现象学方法研究教育问题。作为一种建立在"以人为本"哲学理念基础上的思想或者说思维方式,它研

---

① [德]埃德蒙德·胡塞尔. 欧洲科学的危机与超验论的现象学. 王炳文译[M]. 北京:商务印书馆,2001:87.

② [德]马丁·海德格尔. 存在与时间(修订译本). 陈嘉映,王庆节 合译[M]. 北京:生活·读书·新知三联书店,2006:9.

究"生活体验",通过研究生活世界,获得对我们日常生活体验的本性或意义更深刻的理解。① 现象学的教育学关注学生和教师的种种生活体验,"在现象学研究中,生活体验的意义向来是研究的重点。现象学研究的意义就是借用他人的经验及其对经验的反思,在人类经验总的背景下,更好地理解人类经验某一方面的更深层意义或重要性。"②

范梅南将体验引入了生活世界,认为意义通过体验而来。"现象学询问'这种或那种体验是什么样子的?'"①范梅南认为人类生活四种基本经验分别是:生存的空间(空间性)、生存的感体(实体性)、生存的时间(时间性)、生存的人际关系(相关性)。人类通过这四个方面体验世界,这四个方面是生活世界的基本结构。

综上所述,本研究结合现象学以及现象学教育学方法,寻求合适的途径,对学前融合教育中幼儿教师的生活体验进行研究。在讨论幼儿教师的融合教育体验时,主要围绕学前融合教育中幼儿教师生存的空间性和时间性、生存的实体性及生存的人际关系,分别从幼儿教师的融合教育实践历程、幼儿教师的融合教育心路历程以及幼儿教师与其生活的空间和时间中"重要他人"的人际关系展开。

第四节 相关研究文献综述

一、国外相关研究综述

通过检索文献并对论文内容进行归纳整理,研究者发现融合教

---

① [加]马克斯·范梅南. 生活体验研究——人文科学视野中的教育学. 宋广文等译[M]. 北京:教育科学出版社,2003:11.
② [加]马克斯·范梅南. 生活体验研究——人文科学视野中的教育学. 宋广文等译[M]. 北京:教育科学出版社,2003:78.

育中幼儿教师的研究集中指向学前融合教育过程中幼儿教师所遇到的问题以及应对策略。具体主要包括：幼儿教师的融合教育理念问题；幼儿教师特殊教育专业知识和技能缺乏；幼儿教师与特殊儿童家庭沟通不畅、行政支援不足；课程调整不易等。雷江华等运用美国陈超美博士及其团队研发的专门用于科学领域信息可视化研究的CiteSpaceV应用软件，对1994年至2016年国际学前融合教育领域发表的论文进行了统计和分析，研究表明：当前国际学前融合教育研究大致处于缓慢增长的初始阶段，研究热点主要集中于学前融合教育环境下的儿童发展、教师发展、质量评估以及家长支持等四个研究领域。其中关于学前融合教育教师发展研究的关键词包括态度、教师教育、能力、师资培养和认证等。[①]

在幼儿教师的融合教育理念方面，研究发现随着融合教育的推行，国外幼儿教师的融合教育理念已经有了明显的改善，对融合教育的接受程度有了显著提升，但即便如此，在现实的融合教育中，幼儿教师的融合教育态度和信念仍然是影响学前融合教育效果、制约学前融合教育发展的重要因素。[②]

在融合教育的教育教学方面，学前融合教育班级人数较多、缺乏有效的支持（比如配备教学助手）、缺乏特殊教育的相关知识和技能、缺乏特殊教育的相关硬件设施（如听力障碍儿童和视力障碍儿童需要的助听设备和助视设备）等四个问题是学前融合教育中幼儿教师所需要面对的共同的问题，学前融合教育教师的专业知识储备直接

---

① 雷江华等.1994—2016年国际学前融合教育的研究进展——基于科学知识图谱的可视化分析[J].江苏幼儿教育，2017(2)：8－9.
② Barton E E, Smith B J. Advancing high－quality preschool inclusion: a discussion and recommendations for the field [J]. Topics in Early Childhood Special Education，2015(35)：2.

第一章
幼儿教师融合教育体验研究概述

影响着学前融合教育的质量。① 在对学前融合教育教师进行教育时,不仅要培训学前融合教育的专业知识,还应培养教师学前融合教育实践技能。②

在对幼儿教师的支持方面,Esther 和 Moussa 认为幼儿教师不仅在教学上需要关于学前融合教育班级教学的专业发展指导以及关于有效融合教育班级的学习,而且他们同时也需要更多的资金支持。③ Ruth 和 Kathryn 认为要真正把为了所有儿童和家庭的融合的价值观念和原则转化为切实有效的行动需要深植于"融合"的政策框架的发展,也就是说需要真正渗透着融合精神的政策支持。④

在师资培养与培训方面,Joy 和 Linda 研究表明给职前教师提供与特殊儿童互动的结构化的融合教育现场体验能够极大地提高他们对融合教育工作的信心和技能。⑤ Joel 建议注重培养学前融合教师设计开发适合的干预方法的能力。Ann 和 Regina 提出学前融合教师的职业化发展,即转变成为终生的学习者(lifelong learner)。⑥

---

① Hunt P, Soto G, Maier J, et al. Collaborative teaming to support preschoolers with severe disabilities who are placed in general education early childhood program [J]. Topics in Early Childhood Special Education, 2004, (24).

② Agbenyega J S, Klibthong S. Assessing Thai early childhood teacher's knowledge of inclusive education [J]. International Journal of inclusive education, 2014 (18): 12.

③ Esther N, Moussa T. A Study of Ghanaian Early Teacher's Perception about Inclusive Education[J]. The Journal of the international Association of Special Education, 2013(14): 1.

④ Ruth B, Kathryn U. A Vision for Inclusion Child Care From principles to policy [J]. Our schools/Ourselves, summer 2015: 103.

⑤ Joy A V, Linda J B. Teaching All Children: Preparing Early Childhood Preservice Teachers in Inclusive Settings[J] Journal of Early Childhood Teacher Education, 2011(32): 338-354.

⑥ Ann M. Gruenberg, Regina Miller. A Practical Guide To Early Childhood Inclusion Effective Reflection [M] Pearson Education Inc., 2011: 243.

二、国内相关研究综述

当前国内关于学前融合教育中教师的研究，研究者多从融合教育中幼儿教师所面临的专业困境的角度探讨学前融合教育课程以及教学；从思辨的角度讨论融合教育中幼儿教师"应有的"教学素质并提出融合教育中幼儿教师"应然"行为规范。研究发现，障碍学生的行为问题常是普通班教师压力的最大来源。① 而特殊儿童的行为问题的确需要合适的教学策略来帮助他们克服学习困境。对于普通幼儿园的教师来说，如何为特殊儿童提供他们所需的教学是教师的主要困扰。② 目前关于融合教育教学的研究基本都是从应然的角度对融合教育的教学策略进行探讨。阐述在融合教育班级，为了让特殊儿童和普通儿童都能够得到平等的教育，教师应该遵循正常化原则、早期干预原则、成功教育原则、平等教育原则、系统教育原则、个别化教育原则③；发展性原则、兼顾性原则、个别化原则、直观性原则、扬优补缺原则和成功性原则④以及正向行为支持原则、以活动为基础的干预原则和发展适应性原则⑤，选择、调整课程内容，针对特殊儿童不同的障碍类型，选择使用不同的教学手段，比如图片交换沟通系统的运用、艺术治疗、互动视讯游戏的使用、提升轻度智力落后儿童自我概念的策略等等。但在具体的融合教育过程中，每个教师的教育教学方式的状态不尽相同。实践中的状态具体是怎样的

---

① 张美华，简瑞良. 直观教学法观念在融合教育教学策略设计的运用[J]. 追求卓越，2010.

② 任贝贝. 学前融合教育集体教学活动中教师与特殊儿童师幼互动现状的分析与思考[D]. 华东师范大学，2014：3.

③ 兰继军，李国庆，刘树森. 论全纳教育的教育原则[J]. 中国特殊教育，2003(6)：11-13.

④ 刘秋芳. 全纳教育的课堂教育原则[J]. 中国特殊教育，2004(1)：6-8.

⑤ 陈俊莲. 浅谈学前融合教育的课堂教学教育原则[J]. 幼儿教育(教育科学版)，2006(1)：40-43.

呢？调查发现，在遇到有特殊教育需要的儿童时，74.7%的教师会将其纳入集体教学/游戏；43.4%的教师会借助他人（主要是班级保育员）进行看护和照料；27.3%的教师会对儿童进行专门的指导；17.2%的教师会放任这一类儿童的行为和活动，忽视其与正常儿童的差异，能得到与自身发展水平和特点相适应的教育的儿童比例较低。①

融合教育环境中，特殊教育需要儿童可以通过观察同伴而学习。相对于隔离的特殊教育环境，特殊教育需要儿童在融合教育环境中与正常的同伴一起学习才能够得到更好的发展。在融合教育班级中，当特殊教育需要儿童与普通儿童一起学习时，特殊教育需要儿童能够通过向他们的同伴学习，发展他们的集体归属感，而且他们能够与他们的同伴建立一种正向积极的联系。融合教育需要教师创设具有包容性的所有儿童都能够共同学习和发展的校园环境。具体到班级中，幼儿教师需要创设一个"融合"的班级环境促进特殊儿童和普通儿童共同发展。有研究表明，普通幼儿愿意接纳特殊幼儿，除了攻击性强的儿童不受欢迎之外，不会因为幼儿的"特殊"而排斥他们，但同时也有研究发现，从同伴态度和行为倾向看，有超过2/3的有发展缺陷的儿童会遭到同伴的拒绝，有将近一半有发展缺陷可能的幼儿会遭到同伴的拒绝。①

在教育教学方面的研究发现，教师对融合教育的态度与他们的人口统计学变量（年龄、学历、从教年限、教授特殊儿童的经验、与特殊儿童相处的时间和接收特殊教育培训的时间）之间无显著差异。而教师对融合教育的态度与他们对随班就读的责任感之间存在显著相关。对融合教育抱积极态度的教师在实施融合教育实践中具有较

---

① 李伟亚. 普通幼儿园有特殊教育需要儿童的在园生存现状[J]. 学前教育研究，2011(12)：34－40.

强的责任感。①孙政研究认为幼儿教师认为融合教育给自己带来一定的消极影响：最大的消极影响是在教学活动、班级管理、课程设置等方面无法同时兼顾特殊幼儿和普通幼儿；二是可能打乱班级秩序，导致一日活动难以正常进行；三是教师的耐心、爱心和责任心受到了极大的考验；四是教师的工作量和工作压力也在增大。同时，融合教育也给自己带来一些积极的影响：最大的积极影响是在融合教育中践行因材施教的理念，尊重幼儿的个别差异；其次是幼儿教师提升了自身的耐心、爱心和责任心；再次是幼儿园教师更多地关注了特殊需要幼儿与普通幼儿之间的融合。在孙政的研究中极有趣的两点是：只有少数幼儿园教师认为普通幼儿家长工作会出现困难；只有极少数幼儿教师认为融合教育能够提升自己的保教能力、教育智慧和班级管理能力。②

在学前融合教育中的师幼互动方面，研究者分别从不同的视角采用不同的分类标准进行了丰富的研究。但已有的研究多是研究普通幼儿园中的教师与正常幼儿之间的互动，在幼儿园的一日活动中，师幼互动发生频率最高的是生活活动（518次），再者是教学活动（472次），最后是游戏活动（233次）。③关注特殊教育情境中师幼互动的研究较少，而明确指向学前融合教育中的师幼互动实践的论文只有一篇。任贝贝（2014）用实证研究的方法，研究了学前融合教育集体教学活动中教师与特殊儿童的互动。研究通过对上海市3所幼儿园8个融合集体教学活动进行观察和拍摄，再利用微观分析法对拍摄所得的集体活动中教师与特殊儿童的互动情况，聚焦教师对特殊儿童的情感、言语和行为支持三个方面进行编码分析。研究发现

---

① 艾琳 Juselene Oliveira Centeio. 武汉市幼儿园教师对特殊儿童融合教育的态度研究[D]. 武汉：华中师范大学，2014：43.

② 孙政. 幼儿园融合教育：利益相关者的诉求[D]. 重庆：重庆师范大学，2015：17.

③ 巨金香. 情感视阈中的师幼互动研究[D]. 辽宁：东北师范大学，2006：15.

教师与特殊儿童之间的互动特征主要有：在学前融合集体教学活动中，①教师在活动中处于主导地位；②教师对于特殊儿童的情绪支持最少；③教师与特殊儿童之间的互动特征很大程度上受教师的特殊儿童观以及对学前融合教育认识的程度有关，建议从教师的理念层面入手建构积极支持型师幼互动。① 罗斯研究认为，"即手做"的教师有能力发展自己的知识技能并形成对融合的积极态度。②

在教师信念方面，研究表明幼儿教师对融合教育的不支持的态度可能会通过特殊教育的培训或者通过与特殊需要儿童接触一段时间的经验而逐渐改变。③ 在学前融合教育过程中，幼儿教师如何实现职业化发展转变为终生的学习者，在此期间经历了怎样的过程？他们的融合教育体验都有哪些？目前已有的研究多是调查幼儿教师心理健康现状、压力调适、幼儿教师职业倦怠感以及有效应对策略探讨。许秀萍（2009）等研究认为教师以何种态度看待融合生关乎他们是否能以真正平等的精神实践融合教育，而特教知识与教学技巧反而不是最重要的。当校园文化越强调融合精神且课程于教学的弹性越高时，教师在实施融合教育时所能获得的支持也越高。他们根据融合教育中幼儿教师看待融合教育与特殊幼儿的眼光与处理方式，把融合教育中幼儿教师实施的融合教育分为事务专业取向的融合教育；问题解决模式的融合教育和以幼儿生命本质为出发点的融合教育。④ 汪慧玲（2010）等的研究发现，特教背景、任教经验、班级身心障碍幼儿类别对托儿所教保员融合教育的因应方式有显著差别；但

---

① 任贝贝. 学前融合教育集体教学活动中教师与特殊儿童师幼互动现状的分析与思考[D]. 上海：华东师范大学，2014：58.

② 艾琳 Juselene Oliveira Centeio. 武汉市幼儿园教师对特殊儿童融合教育的态度研究[D]. 武汉：华中师范大学，2014：43.

③ 艾琳 Juselene Oliveira Centeio. 武汉市幼儿园教师对特殊儿童融合教育的态度研究[D]. 华中师范大学，2014，(44).

④ 许秀萍，洪启玲，谢芳琪等. 三位幼教老师实施融合教育的故事[J]. 台北市立教育大学学报，民98，第40卷第2期.

班级人数、班级身心障碍幼儿人数、障碍程度对融合教育的因应方式却无显著差别。在托儿所保育员自评对融合教育因应方式各层面上，依平均分由高至低依次为心理调适层面、资源运用层面，最后才是教学策略层面。即教师面对特殊儿童时，多以心理调适的策略来调整并面对发生在身心障碍幼儿上的特殊问题，即教师以平常心、包容对待特殊儿童，并发挥同理心从特殊儿童立场出发与特殊儿童建立良好的师生关系，即融合教育中的教师需要调整自己的心理以应对特殊儿童。[①] 但幼儿教师如何调整自己的心理以应对特殊儿童的特点使自己适应变化了的班级环境的过程，文中并没有具体展开论述。

三、对已有研究的评析

上述研究基本呈现了当前关于学前融合教育中幼儿教师研究的大致情况，对这些研究进行分析有利于研究者较准确地找到自身的研究定位，在已有研究的基础上做进一步的丰富和拓展。综上所述，目前关于学前融合教育中幼儿教师的研究主要呈现以下几个特点：

第一，从研究论文的数量来看，研究学前融合教育以及融合教育中的教师的论文呈总体上升趋势，研究成果日益增多。中国知网主题检索"学前融合教育"，论文数量从 2005 年至 2010 年 5 年内每年都只有 1 篇到 2 篇，最多 2007 年也只有 4 篇。从 2011 年的 11 篇迅速上升至 2022 年 73 篇。仅 2023 年一年就达到 110 篇。2005 年至 2010 年 5 年内关于学前融合教育的论文数量只有 11 篇，2014 年仅仅一年就达到 17 篇，2015 年翻了一倍，达到 30 篇。中国知网主题检索"学前融合教育教师"，2007 年至 2009 年每年都只有 2 篇。从 2014 年的 10 篇开始论文数量逐年增长。从 2015 年的 18 篇开始，有关学前融合教育教师论文每年递增，至 2022 年达到 45 篇，而 2023

[①] 汪慧玲，沈佳生. 托儿所教保员对融合教育因应方式之研究[J]. 幼儿保育学刊，2010，第八期.

年一年则有66篇。

第二，从研究内容上看，当前学前融合教育幼儿教师的研究主要涉及讨论融合教育中教师的现状、困境与需求；幼儿教师的融合教育观念与态度；幼儿教师融合教育教学方法；融合教育教学、融合成效；融合教育课程与方案以及师资培训等方面。研究集中指向学前教育中的实践，学前融合教育研究的内容非常丰富，但关于幼儿教师的融合教育体验研究非常缺乏，存在着广阔的研究空间。

第三，从研究方法来看，主要是基于文献的定性研究和采用问卷的调查研究。近些年也有部分研究从比较研究的视角，介绍美国、瑞典等国家和我国台湾地区学前融合教育实践及其学前融合教育师资培训。少数实践工作者总结了较丰富的学前融合教育教学感悟，为学前融合教育幼儿教师的教育教学实践活动提供了可供参考的实践经验。但论述不够深入，缺乏系统的探索。

总而言之，随着我国《残疾人教育条例》的落实，国家《第二期特殊教育提升计划(2017—2020年)》的推进，学前教育需要大量优秀的能够胜任融合教育的教师。学前融合教育尤其是学前融合教育教师研究逐渐成为特殊教育和学前教育研究中日益重要的领域。虽然从逐年快速增长的论文数量上看，我国目前的学前融合教育教师研究呈现百花齐放的态势，但从研究内容来看，与普通师范教育的教师研究相比，我们可以明显看出关于学前融合教育教师研究的整体还比较薄弱。虽然幼儿教师在学前融合教育过程中的个人体验引起了少数研究者的关注，但明确指向幼儿教师融合教育体验的专门研究匮乏。从研究方法来看，更是缺少运用质性研究方法从深度和广度上对幼儿教师的学前融合教育体验进行探索的相关研究。

第二章 幼儿教师融合教育体验研究设计

第一节 研究目的

学前融合教育作为一种比较新的教育理念和教学实践，已经开始在我国普遍推广，在幼儿园教育实践中愈来愈常见。在幼儿园的学前融合教育实践中，幼儿教师面对班级中特殊需要儿童束手无策的时候普遍会表现出困惑、焦虑和无助。目前已有的指向学前融合教育中幼儿教师的研究围绕教师的融合教育态度、策略、方法，给教师提出了具体的"应该怎样"的教育教学建议，这些建议虽然有一定的意义和价值，但却忽略了学前融合教育现场中最重要的个体——幼儿教师的体验。

基于对从事学前融合教育的幼儿教师的尊重和关怀，本研究想真正走进融合教育班级，深入幼儿教师的日常教育生活，了解他们的学前融合教育历程，体会他们在学前融合教育过程中的心理，理解他们的学前融合教育体验，探寻隐藏在学前融合教育中的各种因素及其相互作用对幼儿教师融合教育体验及学前融合教育模式的影响。

因此本研究的目的是希望通过访谈、问卷调查、实地观察并结合实物分析，了解学前融合教育班级幼儿教师融合教育历程中的所遇、所做、所思、所想，与幼儿教师站在一起，了解他们在融合教育过程中的真实体验，发掘其学前融合教育体验的社会意义和价值，给学前融合教育中的幼儿教师提供切实可行的帮助。同时希望本研究也能够给学前融合教育政策的制定以及相关的师资培养和培训带来一些有益的启发和思考。

第二节　研究内容

鉴于以上研究目的，本研究的研究问题以及相关研究内容主要为以下三个层面：

一、幼儿教师的融合教育体验

围绕幼儿教师的融合教育体验，这一部分主要探讨如下问题：学前融合教育过程中，幼儿教师经历了怎样的心路历程？面对一个以前没有接触过的特殊教育需要儿童时，幼儿教师会遇到哪些困难和压力？幼儿教师如何应对？在这个过程中，特殊需要儿童、特殊需要儿童家长、普通儿童家长、配班教师和保育员、幼儿园管理者及其他同事等属于幼儿教师融合教育过程中的"重要他人"。幼儿教师与这些"重要他人"互动时有怎样的体验？在以上研究的基础上，分析影响幼儿教师融合教育体验的关键因素都有哪些？以及这些关键因素是如何影响幼儿教师的融合教育体验？

围绕以上问题，研究内容为通过访谈了解学前融合教育教师所遇到的困难和问题，以及他们面对困难与压力时的应对措施，获取他们相关的教育实践体验信息。在阐述幼儿教师融合教育心路历程、实践历程以及与"重要他人"互动体验的基础上，深入分析影响幼儿教师融合教育体验的重要因素，以及这些因素如何作用于幼儿教师的融合教育体验。

二、幼儿教师融合教育体验的特点

了解了幼儿教师融合教育体验的心路历程和实践过程,分析总结了幼儿教师融合教育体验的影响因素,那么幼儿教师融合教育体验的特点都有哪些?学前融合教育中幼儿教师承担了哪些角色?幼儿教师融合教育体验的特点以及承担的角色对实践中特殊需要儿童的安置方式有哪些启发?

幼儿教师的日常生活过程就是与环境特别是环境中的"重要他人"互动的过程,与"重要他人"互动时的体验直接影响了幼儿教师的融合教育体验。在此基础上,总结提出幼儿教师融合教育体验的本质特点,并提出进一步讨论的问题。

三、相关建议与思考

这部分内容主要围绕以下问题展开:幼儿教师的学前融合教育体验可以给正在从事和将要从事特殊需要儿童早期教育工作的幼儿教师提供哪些有益的建议?可以给学前融合教育政策的制定与实施带来哪些借鉴和启示?

总而言之,本研究围绕研究目的与研究问题,在文本分析的基础上,通过主题分析的方式分别从融合教育中幼儿教师的实践历程、心路历程以及与他人和环境的互动体验来全面深入了解、体会、理解学前融合教育中幼儿教师的融合教育体验。在呈现和探索学前融合教育教师教育体验的基础上,挖掘隐藏在学前融合教育教师教育经验中的本质与意义,思考和探寻如何帮助和支持学前融合教育教师,针对学前融合教育提出相关的建议,并为特殊需要儿童融合教育以及学前融合教育政策的制定与实施提供有益的参考。

第二章 幼儿教师融合教育体验研究设计

第三节 研究方法

本研究将采用质性研究方法对融合教育中幼儿教师的学前融合教育历程进行考察。质性研究方法是"以研究者本人作为研究工具,在自然情境下采用多种资料收集方法对社会现象进行整体性探究,使用归纳法分析资料和形成理论,通过与研究对象互动对其行为和意义建构获得解释性理解的一种活动。"①

一、访谈法

本研究主要采用访谈法了解融合教育中幼儿教师的融合教育体验,挖掘影响幼儿教师融合教育体验的关键因素,对幼儿教师的学前融合教育体验进行理论上的梳理和思考。本研究既采用了集体访谈也采用了个别访谈。在进入幼儿园学前融合教育班级和特殊教育学校的学前班进行实地观察,并且在与学前融合教育教师进行更深一步的接触交流的基础上,本研究利用融合教育项目组会议交流的机会,首先使用集体访谈中的焦点小组访谈更进一步了解学前融合教育教师所关心的问题以及学前融合教育过程中的教育教学策略。在观察和焦点小组访谈的基础上,研究者确定了具体的研究问题——幼儿教师融合教育体验研究。根据研究目的和研究问题,使用开放性访谈法对融合教育效果较好的6位学前融合教育教师进行深度访谈,并进入他们的融合教育班级进行实地观察。同时,在尽可能的情况下,利用一切条件争取与他们的配班教师、特殊需要儿童家长、普通儿童家长、班级的小朋友们、园长进行访谈,不仅可以从不同的渠道获得更多的信息,访谈的内容还可以相互验证,增

---

① 陈向明. 质性研究:反思与评论 [M]. 重庆:重庆大学出版社,2008:1.

加数据的丰富性和可靠性。

二、观察法

观察也是质性研究较常使用的一种方法。这种方法注重情境性，可以获得直观生动的资料，弥补访谈和调查问卷等研究方法的不足。在本研究的初期、深度访谈的同时以及后期进行资料的整理过程中，为了研究的需要，研究者对学前融合教育班级陆陆续续进行了大约一个月的非参与式观察。研究者实地进入幼儿园进行融合教育的教育教学活动现场，在自然状态下对教师的行为进行观察，获取真实可靠的第一手资料。通过观察，研究者可以了解学前融合班级中的师幼互动现状，实地感受、体验班级的学前融合教育效果，还可以从实地观察的角度验证访谈的内容。

为了确保观察真实有效，在正式观察记录之前，研究者轮流进入学前融合教育班级熟悉环境，在必要时参与幼儿之间的游戏活动，为教师提供一些力所能及但又不干扰教师正常教学秩序的帮助，与班级教师和幼儿建立较为自然的关系。对于观察中出现的不清楚的问题，寻找合适的机会与教师、家长进行沟通，避免可能发生的误解。同时，寻找机会与配班教师、保育员、园长和家长交流，对观察记录进行补充。

三、问卷调查法

问卷调查是指研究者将需要研究的问题以问卷的形式交给调查对象，调查对象在规定时间内答完后由调查者收回进行统计汇总进行分析。本研究中使用的调查问卷是研究者根据研究内容和研究目的自制的问卷，主要用于了解幼儿教师对学前融合教育的态度以及他们的学前融合教育体验。通过对调查问卷的整理和分析，结合对学前融合教育班级、普通班级以及特殊教育学校学前班的观察以及第一和第二阶段的访谈，研究者聚焦了本次的研究问题。通过对问卷调查结果的整理和分析，并结合实地的观察，研究者重新思考并仔细确定了访谈的提纲和访谈的问题。

四、实物分析法

实物分析的方法也是质性研究中收集资料的一种重要方法。本研究所收集的实物主要有：学前融合教育中幼儿教师的教学笔记、档案、公开发表的论文、著作以及他们所做课题的研究报告。实物分析的方法不仅可以帮助研究者验证访谈对象所说的内容，还可以增加论据，使论证更加充分。

第四节　研究资料的收集与分析过程

本研究来源于研究者与特殊教育教师和学前融合教育教师长达十几年的接触，以及在接触中产生出的"熟悉"的感觉。借着这种"熟悉"的感觉确定了学前融合教育教师作为研究对象。在确定研究对象后，研究者走进学前融合教育班级和特殊教育学校学前班进行观察，在观察中思考学前融合教育中与幼儿教师相关的研究问题。同时进行了焦点小组访谈，目的是更清楚地了解研究对象，以确定确切的研究问题。为了聚焦研究问题，本研究结合观察和访谈的结果进行了问卷调查，在总结问卷调查内容的基础上进一步锁定研究问题，最终确定用深度访谈的方法研究具有典型意义的幼儿教师的融合教育体验，并在前期的观察、调查问卷以及集体访谈的基础上形成6位幼儿教师深度访谈提纲中的研究问题。所以，本研究的研究问题和研究对象都不是一下子确定的，而是在逐渐深入不断探索的过程中慢慢找到的。参与这个过程的所有幼儿教师都对本研究做出了重要的贡献。

在研究问题没有确定的阶段，集体访谈所涉及的幼儿教师，这些教师有的参与了后期的个别访谈，更多的从此之后再也没有见过。此外知情自愿参与问卷调查的幼儿教师也对本研究提供了重要的信息，而这些教师都没有参与后期的访谈。在观察、集体访谈和问卷调查的基础上，本研究确定了研究题目和研究目标，为了让研究对幼儿教师更有借鉴意义，本研究最后重点聚焦了6位具有典型性的幼儿教师为本研究的主要研究对象。

整个研究的过程是一个在观察、访谈、问卷调查和学前融合教育场景真实感受、观察，以及对这些前期所有的材料进行分析的基础上逐渐清晰的过程。在集体访谈、问卷调查和实地观察搜集和整理分析资料的基础上，研究问题逐渐浮现，研究对象逐渐确定，研究框架逐渐形成。

一、选择研究对象

做过实地观察、焦点小组访谈以及问卷调查之后，在对所有获得的资料进行分析的基础上，研究问题聚焦为幼儿教师的学前融合教育体验。为了更加深入地进行研究，本研究采用了质性研究方法。质性研究选择的样本主要目的在于提供丰富的内容，研究者可以根据研究问题，有目的地选择性抽样。本研究的主要目的在于了解学前融合教育班级幼儿教师融合教育体验，为其他幼儿园的融合教育教师提供有益的借鉴。因此本研究的研究对象并不是泛泛的学前融合教育中的幼儿教师，而是学前融合教育效果较好、能够给学前融合教师带来一定的启示和借鉴意义的"典型教师"。

本研究重点聚焦的研究对象确定为目前融合教育效果良好、具有典型意义的学前融合教育教师。他们必须满足两个条件：首先，所带班级中已经存在特殊需要儿童；其次，幼儿教师对学前融合教育持支持态度；园长、同事以及同行认为融合效果较好，较有一定的借鉴意义。研究采取两种方式寻找愿意公开分享个人经验的融合教育教师，一种是经由研究者的同学、朋友等帮忙联系、寻找合适的融合教育教师；另一种是在研究者本身存在的融合教育课题组中寻找融合教育教师。因为进行学前融合教育的幼儿园较少，研究者只找到8位愿意参与分享的教师。由于有的教师只愿意聊聊自己的想法但不愿意参与研究，在"知情同意"原则的基础上，本研究最后只得到了6位实施融合教育的幼儿教师的支持，愿意把她们的访谈内容与研究者分享，让大家体会她们在融合教育中的酸甜苦辣。

二、研究对象的简介

本着自愿知情的原则，研究聚焦了6位幼儿教师。因为彼此熟悉，同时幼儿园教师比较善于交流的缘故，6位访谈对象都表现出语言流畅、思路清晰的特点。在交流过程中，每位老师都能够运用标准的普通话侃侃而谈，给人带来意犹未尽的感觉。6位幼儿教师所带的特殊需要儿童都有明确的医学诊断。在参与学前融合教育课题组之前，5位教师在长达十多年的职业生涯中都没有接触过特殊教育的相关学习和培训，都已为人母，最小的孩子在上幼儿园小班，最大的已经读高中。所在幼儿园都是省级优质园，4位教师的职称按照新的幼儿园职称标准来看属于一级教师，相对比较高。她们刚毕业参加工作时的第一学历都不是本科，有的是中专，有的是大专，但她们在职业生涯中都努力上进，5位教师拿到本科文凭。另外一位教师中专毕业后通过自己的努力拿到了大专文凭。这位教师后来由于身体原因未继续提升学历。这6位教师中有一位教师不属于课题组的教师，但我们认识已有十多年。

NO1：J老师，33岁，小教一级教师。之前从未接触过特殊需要儿童，也从未接受过特殊教育的相关学习和培训。其所在的幼儿园为省级优质园。J老师2003年幼师专业毕业后便进入所在幼儿园任教，是有着13年幼教经验的老教师。她所带的特殊需要儿童是一个孤独症谱系障碍儿童，2013年入园，进入托班。开学第一天，孩子就要自己爬窗户从幼儿园逃跑。J老师是2014年加入学前融合教育研究团队的。加入团队后，每次研讨活动都积极参加，积极发言。她这种带着问题来学习的态度给我留下了非常深刻的印象。而且J老师每次发言都温文尔雅，不紧不慢。从这个孤独症谱系障碍儿童2013年入园到J老师接受访谈的2016年，幼儿园人事变动比较频繁，一共换了三位园长，但三位园长都非常支持学前融合教育。第一位L姓园长坚定地确立"我们要全纳，我们幼儿园的宗旨是全纳才能共生"的方针，第二位和第三位园长帮助J老师找到学前融合教育课题组，并寻找特殊教育的相关机会送其参加学习和培训。其中有位C园长还曾经带过一个孤独症谱系障碍儿童三年，有着丰富的学前融合教育经验。在我去幼儿园进行访谈的当天早晨，正好在幼儿园门口遇到这位园长，她知道了我来幼儿园的目的后很主动地与我讨论了大约半个小时的学前融合教育实践！

正式访谈之前，在征得教师同意的前提下，研究者曾经多次去J老师的班级进行观察，并做好详细的观察记录。2013年孩子入园后，J老师经历了"稀里糊涂的托班"。2014年孩子上小班后一个月，J老师经过一年艰难的沟通，孩子的家长终于向老师坦诚孩子的真实情况。然后开始带孩子进行医学干预和康复治疗。每次观察，研究者都会与J老师以及班级的另外一位K老师和保育员C老师还有幼儿婆婆进行交流，了解孩子最近的发展情况，讨论新出现的问题。教师、保育员以及婆婆的交流从不同角度为J老师的访谈提供了可以验证的资料。在交流过程中K老师和C老师都表达了刚开始时面对这个孩子时的疑惑、恐惧、担心、关心等复杂心理。J老师到外面培训的内容会在第一时间向班级里的另外老师传达，三位教师经常坐下来讨论孩子的情况，并共同想办法。

NO2：Z老师，35岁，幼儿园一级教师。在这之前接触过特殊需要儿童，一个是多动症儿童，家长比较配合。另一个是有点交际障碍，家长不太配合。在参加课题组之前，从来没有接受过有关特殊教育的相关学习和培训。其所在的幼儿园也为省级优质园。Z老

第二章 幼儿教师融合教育体验研究设计

师1999年幼师专业毕业后进入所在幼儿园任教,是有着17年幼教经验的老教师。她所带班级的特殊需要儿童是一个孤独症谱系障碍儿童,孩子2014年入园,进入小班。8月份和老师一起家访时就发现孩子有点异常,他(特殊儿童)不喜欢玩小孩玩的东西反而喜欢玩拖鞋等物品,能自己安静玩一个多小时。我说(问)你还带他跟同龄的孩子玩?妈妈说,他也不太会跟其他孩子玩,跟他说他也听不懂。3岁之前是在老家,3岁之前家长也没有带他出去跟朋友小孩玩。一起家访的H老师以前带过一个孤独症谱系障碍儿童,从孩子家出来H老师说:"怎么跟我们班原来那个孩子很像,他会不会也是孤独症呢?"9月份入园后,孩子表现出更多不一样的地方。9月底Z老师正式找妈妈谈话,刚开始家长很不配合,拒绝带孩子检查。Z老师利用QQ、短信等方式和妈妈聊天,做家长的思想工作。在Z老师的不断努力下,半年多后教师和家长之间建立起彼此信任的关系。

2015年上半年Z老师帮助家长联系医院的专家检查,诊断为孤独症谱系障碍儿童。诊断之后,孩子开始进行干预训练。上午在幼儿园,下午去医院和康复中心做感觉统合、认知等专项训练。让其爸爸来幼儿园陪读过一段时间。但如果爸爸在旁,孩子就不参加班级活动,总是跑到爸爸身边。爸爸也不太会陪读,有的时候也会影响其他孩子的活动。Z老师向幼儿园领导反映了孩子的情况。第一位领导请老师"多付出一点",第二位领导让Z老师和家长谈谈看看家长是否愿意找一个更适合的环境?当Z老师试探性地提出想法后,孩子的家长认为幼儿园要劝退孩子。家长很担心,非常无助,动用关系使用了各种方法一定要留在幼儿园。后来,幼儿园领导开始重视这件事情,并且让Z老师加入并参与学前融合教育课题组教研活动。Z老师参加培训,记录孩子的表现,开始慢慢了解她所带的这个孤独症谱系障碍儿童,转变自己的态度,改变自己的教育方法。

NO3:X老师,33岁,幼儿园一级教师。在这之前接触过特殊需要儿童,但当时不知道,也是现在才觉得那个孩子可能也是孤独症谱系障碍儿童，当时没有别的办法，就是单独带那孩子。X 老师上课的时候让保育员单独带。从来没有接受过有关特殊教育的相关学习和培训。其所在的幼儿园为省级优质园。X 老师 1998 年幼师专业毕业后便进入所在幼儿园任教，也是有着 18 年幼教经验的老教师。2013 年加入学前融合教育研究团队。她所带班级的特殊需要儿童有三个，两个是孤独症谱系障碍儿童，一个是躁动症。其中有一个孤独症谱系障碍儿童 YY 给她带来的困扰较大。与 YY 相比，其他两个特殊需要儿童融合的难度不太大。三个孩子都是 2012 年入园，进入小班。YY"开学第一个月就发现和别人不一样，手不会握，不会喝水，不会大小便，大小便在身上，不会跳，每天都哭，而且哄不好……"。9 月底 X 教师和孩子的婆婆反映孩子的情况，建议带孩子去检查检查。家人带孩子检查后告诉老师是孤独症谱系障碍儿童，开始上午在幼儿园进行融合，下午去做康复训练。曾经有段时间妈妈辞职来陪读，但妈妈并不懂得怎么教育孩子，也不知道怎么陪读，孩子哭闹的时候任由孩子哭闹，就是在旁边看着孩子，既不会暂时把孩子带离当前的环境，也不拥抱，教室里仅仅是多了一个大人而已。教师们觉得没有达到预期效果，然后家长就不再陪读。孩子有的时候会一段时间去做康复训练，一段时间在幼儿园。因为班级里有两个孤独症谱系障碍儿童，在两个孩子的对比下，X 老师认为并不是所有的特殊需要儿童都适合在普通幼儿园进行融合教育，"我觉得融合教育的孩子还是要分的。其实那时候我就觉得 YY 一直不太适合在幼儿园里面。LL 孩子大家就接纳他，相处还是挺好的。LL 他也能够得到一定的帮助，但我觉得 YY 在里面并不能够，得不到什么帮助。说起小班到大班的变化，YY 好像没有太多的变化，所以我一直觉得他其实在这个班里没有太大作用。"

访谈之前，研究者也多次到 X 老师的班级观察记录，并与另外的老师交流。虽然 X 老师的班级也是两教一保，但她们班配班教师的变动比较大，保育员 R 老师与 X 老师患难与共，一直陪着 X 老经历了整个学前融合教育历程，因此这一届小朋友们毕业后，她们也一直搭班。每次我去观察记录的时候，R老师会和我说说特殊需要儿童的表现。R老师表示很体谅X老师，理解她的百般不易。一般是说比较严重的YY，也相当于从侧面验证X老师的访谈记录。三个特殊需要儿童带给X老师的体验如此之深，X老师专门写了一篇学前融合教育实践的论文并公开发表。X老师所在的幼儿园园长知道孩子情况后，从帮助教师解决困难的角度特意和特殊教育学校联系过，并与特殊需要儿童的家长沟通过，但家长最后还是选择在幼儿园上学。幼儿园还是平和地接受了家长的选择，并给教师提供力所能及的帮助，比如给X老师提供参加特殊教育学习和培训的机会。

NO4：Y老师，45岁，幼儿园一级教师，曾经接触过特殊需要儿童，但当时不知道那个孩子是特殊儿童，只是觉得奇怪，但不好意思和家长讲，因为和家长是熟人，当时对孩子的教育方法就是格外关照，都是单独教。后来在幼儿园其他教师的提醒下，家长带孩子去检查，诊断是孤独症谱系障碍儿童。后来家长埋怨Y老师没有早点告知。Y老师觉得"又尴尬、又懊恼、又羞愧，觉得对不起她"。后来Y老师又接触一个孩子，跟上一个孤独症谱系障碍儿童差不多，Y老师就和妈妈说了自己的顾虑，但"遭到妈妈的抵制，坚决不承认"。大班快毕业的时候，孩子去小学报名，小学老师提醒家长带孩子去医院检查，家长后悔地和Y老师说"老师，早听你的话就好了。小学老师说我们有问题，早点接受建议检查就好了"。

Y老师所在幼儿园为省级优质园。Y老师1988年学前教育专业毕业后到幼儿园参加工作，有着28年从事幼教的工作经验。2012年在学前融合教育团队成立之初，就加入团队。但在24年的幼教工作中，从来没有接受过有关特殊教育的相关学习和培训。Y老师所带的特殊需要儿童为唐氏综合征。2011年9月份报名入园，但因各种原因没到幼儿园上学。2012年9月份又来幼儿园报到，11、12月份偶尔来幼儿园试读。2013年开学后正式入园学习。孩子名字叫QQ。

QQ的父母已离婚，和爸爸、奶奶一起生活。奶奶一边照顾瘫痪在床的爷爷，一边带QQ。但奶奶非常配合Y老师的工作。刚开始Y老师一头雾水，不知道该怎么带孩子的时候，奶奶就把孩子在培训机构的培训项目以及档案带给Y老师看。基本是Y老师说什么，奶奶就会做什么，极其配合Y老师的融合教育工作。幼儿园领导非常坚定地支持学前融合教育，让Y老师专人专门带这个特殊的孩子，按照QQ的年龄直接插班进入中班就读。中班原有的两教一保不变，Y老师专门负责QQ在幼儿园的学习和生活。而且，幼儿园成立了"学前融合教育课题组"。

即使如此，Y老师也经历了一段很迷茫的时期，"从来没见过！一头雾水！不知道该怎么带啊！"QQ刚进幼儿园的时候，什么都不会，不会说话，最多说含糊不清的两个字，不会握杯子喝水，不会吃饭，不会脱、穿衣服，甚至不会单独上下楼梯，走路蹒跚，需要老师牵着手走，不能独自走路，更不要提上课啦。"一切都要从头教起，像带个小婴儿一样的感觉"。刚进班级的时候，插班进来，其他家长有一定的抵触情绪。幼儿园的同事也不是都能理解和接受学前融合教育。幼儿园领导每周每次开会，无论大会小会都要宣传学前融合教育政策。给Y老师提供各种特殊教育的学习和培训机会，同事们的态度开始转变。Y老师利用园讯通、班级QQ群、家长园地单独设立学前融合教育专栏、个别谈心、家长会等形式和家长进行谈话、交流、沟通甚至做安抚工作，使家长们从不愿意到被动接受。Y老师首先做好孩子们的思想工作，然后再通过孩子们回家做家长的思想工作。孩子们有时会讲"我们害怕他，他长得和我们不一样"。

针对孩子们的问题，Y老师专门设计了教学活动"我跟孩子讲其实QQ是生病啊，用夸张的、有童话色彩的方式演绎出来。生了个什么病呢？生了个唐宝宝的病。生这个病的小孩就是比你们要弱一点。你们成了哥哥姐姐啦，他就成了弟弟啦！……孩子们就有了保护他的心理。孩子们也回家告诉自己的爸爸妈妈QQ是怎么回事"。

同时还设立专职小老师、指定小老师、轮流、自愿当小老师等活动，让孩子们了解唐氏综合征儿童。"小朋友都愿意当哥哥姐姐，愿意去帮助他保护他！"普通孩子接受了特殊孩子，家长们也就慢慢接受了学前融合教育。入园后，QQ的爸爸也积极参与到QQ的教育中。在Y老师、幼儿园领导、QQ家人的共同努力下，QQ的进步很大。能自己走路，会上下楼梯，会说简单的语句，而且还能主动与小朋友进行简单的交流，在班级里开始有小朋友邀请QQ去家里做客。"后来所有接触QQ的人都说，你看他脸上多有光啊！眼睛里都有神采！我们都往好的地方看！"

NO5：P老师，44岁，幼儿园一级教师。一直没有接触过特殊需要儿童，也从来没有接受过特殊教育的相关学习和培训。其所在的幼儿园为省级优质园。P老师1989年幼师专业毕业进入某小学附属幼儿园，1999年进入现在的幼儿园，有着长达27年的幼教经验。她所带的特殊需要儿童是唐氏综合征儿童，2013年孩子入园进入小班。入园之前，孩子曾经在特殊教育学校待过一段时间，因为在特殊教育学校表现非常棒，妈妈心中重新燃起希望，不愿放弃，因此把孩子送入正常幼儿园，希望孩子在幼儿园能够进步更快，得到更大的发展。

随后P老师加入学前融合教育研究团队。P老师积极参加培训和学习，参与讨论。每次学习讨论都非常认真，能够将特殊教育理论与自己的融合教育实践结合起来。后来幼儿园另外安排一名保育员老师专门负责唐氏综合征孩子的保育工作，因此她们的班级是两教两保。这个孩子的妈妈非常配合P老师的工作，积极带孩子在校外进行各种训练。P老师在班级里也是告诉孩子们"XT是我们的小弟弟，我们要爱护他"。因为有这个孩子，幼儿园确立了"爱生活、爱世界和爱自己"的融合教育理念。

从小都是一个人玩，没有玩伴，没有同伴交往的经验，进入小班的XT完全沉浸在自我的世界里，不与小朋友交流。这种"特立独行"的行事风格再加上唐氏综合征儿童明显的外貌特征以及含糊不清的语言也使班上的小朋友对 XT 产生害怕、排斥甚至抗拒的心理,不敢、不愿意和他交往。但经过一年的共同学习和生活,XT 逐渐适应了幼儿园的一日活动,能够与其他普通孩子一起同步活动。在这种长期生活中,孩子们慢慢了解、熟悉了 XT。"在一个熟悉的社会中,我们会得到从心所欲而不逾规矩的自由。"①熟悉之后,有了自由,部分社会性发展水平较高的孩子会主动找 XT 一起游戏玩耍。P 老师的鼓励、呵护,同伴的带动,使 XT 慢慢走出自己,开始释放自己活泼好动的天性,学习与同伴游戏,尝试与他人建立同伴关系。当 XT 学习接纳别人后,更多的孩子也开始接纳他。

NO6:L 老师,52 岁,中学高级教师。1985 年学前教育专业大专毕业后进入特殊教育学校工作。毕业那年,特殊教育学校开设第一个聋儿学前班。因为 L 老师是这个特殊学校第一个幼师专业毕业生,因此领导安排 L 老师带聋儿的学前班,从事听力障碍儿童的学前教育工作。2002 年 L 老师在参加师资培训时开始接触聋儿的学前融合教育工作,自己有兴趣,也很受启发,回校后就主动大胆地向领导建议与普通幼儿园合作进行聋儿的学前融合教育实践。在领导的有力运作下,2003 年特殊学校开始和一所普通幼儿园合作,正式进行听力障碍儿童的学前融合教育工作。L 老师成为特殊学校派到普通幼儿园去进行聋儿学前融合教育的第一位教师。此后,特殊教育学校也向幼儿园陆续派过其他教师进行聋儿的学前融合教育工作,但其他教师都没有坚持下来。

L 老师在融合教育幼儿园既要担负起普通幼儿园教师的一切工作,同时又要担任听力障碍儿童的听力语训工作。十多年来,在学前融合教育的领域里默默耕耘,专注从事听力障碍儿童的学前融合教育工作。她是本研究中唯一一个在知情自愿的情况下主动进行融

---

① 费孝通.乡土中国[M].北京:人民出版社,2008:7.

合教育工作的教师。在繁忙的工作之余，L 老师还通过了本科自学考试，拿到了本科毕业证书。

三、研究方法的选择

（一）观察法

本研究初期刚开始仅仅确定研究范围为学前融合教育但还没有完全确定研究主题和对象的时候，观察的范围和观察的对象都比较广泛。因此观察的对象不仅仅局限于本研究最终确定的 6 位研究对象，还包括后来没有参与到本研究中的学前融合教育班级以及这些班级中的普通儿童和特殊需要儿童，配班教师和保育员以及特殊教育学校的学前班。

初期观察法的运用不仅具有厘清研究思路的作用，同时还具有筛选研究对象的任务。为了能够更深刻地理解学前融合教育班级中幼儿教师，本研究在观察过程中特意选择了特殊学校的学前班级以及幼儿园的普通班级进行对比性观察、体验，以此帮助自己更好地体验学前融合教育班级环境。

在现场观察中，研究问题越来越清晰直至最后确定。整个研究过程都离不开观察。前期的观察有助于研究者发现问题；后期在进行深度访谈同时进行的观察则帮助研究者实地验证幼儿教师访谈的内容；后期资料整理过程中的补充观察，不仅帮助研究者验证访谈内容，还激发了研究者对研究问题的进一步思考，比如在幼儿教师融合教育体验本质及学前融合教育中幼儿教师角色承担的基础上提出对于特殊需要儿童教育安置方式的探讨。

（二）问卷调查法

在对 6 位主要的研究对象进行深度访谈之前，本研究首先设计了一个集体访谈，其主要目的是通过访谈，确定大致的研究方向和研究问题。然后在集体访谈的基础上，选择熟悉的幼儿教师微信群进行目的性更强的问卷调查。整个调查非常顺利，第三天就已陆续回收到所有调查对象填好的问卷。在对集体访谈结果和调查问卷进行综合分析的基础上，研究发现进行学前融合教育时间较长的教师对学前融合教育的体验更为丰富，更具有代表性。因此，本研究最终将研究问题聚焦为幼儿教师的学前融合教育体验，并确定研究对象为融合教育效果较好具有一定示范意义的幼儿教师。

（三）访谈法

针对重点聚焦的6位幼儿教师，本研究主要采用半结构的深度访谈作为收集资料的主要方法，辅之以观察、实物分析以及访谈其他教师的方法进行分析和核实。对话访谈"可以用于探索和收集经验故事素材，一边对人类现象有更为丰富和深入的理解；还可以作为一种载体用于发展与同伴之间就某一经历的意义进行探讨的对话关系[①]"。半结构的深度访谈，主要为围绕访谈大纲，研究者与研究对象在信任、自然、宽松真诚的情境中，放松彼此。研究者在研究对象的带领下进入研究对象生活的世界中，了解、发现与体会研究对象的生活经验。在深度访谈中，研究者和研究对象能够在彼此坦诚的访谈情境中自由自在地交流，通过语言进入内心，促使自己进行思考。本研究目的是探索融合教育教师的融合教育历程，因此，作为研究对象的融合教育中的幼儿教师是主要"说"的一方，因为她们的"说"能够提供大量的信息。而研究者不仅需要对访谈的主要内容有比较清晰的思考，还需要在访谈过程中有效地引导访谈对象，使之不至于偏离中心太远，同时对访谈对象的"说"也要避免过多的引导和干涉，以免妨碍访谈对象自由的心境，妨碍她们回忆。

正式访谈之前，研究者与研究对象已经建立起彼此信任的关系，而且在正式访谈之前，围绕学前融合教育，曾经有过很多次的交流和沟通。在正式访谈过程中，研究者主要根据上述问题进行访谈。

---

① 范梅南. 生活体验研究：人文科学视野中的教育学 [M]. 宋广文等译. 北京：教育科学出版社，2003：84.

访谈的时候，为了更好地记录信息，研究者还准备了一个笔记本，在告知访谈对象并征得访谈对象同意后，研究者一边倾听，一边记录了当时的情境或者一些比较重要的语言。有的问题，研究者还没有问，研究对象自己就会说，研究者只是倾听，有的时候会提出疑问，更多的是以"嗯"的一声表示同感或者回应，比如刚开始发现特殊需要儿童时的心态，可能因为感受太深，研究者不必问，教师会像竹筒倒豆子一样绘声绘色地倾诉出来。研究对象没有主动诉说的话题，研究者会主动询问，比如班级中其他普通儿童和其他家长的行为表现。在正式访谈时，研究者主要在"听"，保持开放的心态，一直跟随访谈对象的"说"，倾听着、思考着、记录着，偶尔提问。

四、访谈地点的选择

研究最初的集体访谈是在一次研讨交流活动中在幼儿园的会议室随机进行的。此后，为了更好地获取访谈信息，所有的深度访谈都是由访谈对象确定访谈时间和地点，以面对面的方式进行的。因为被访谈的对象都是幼儿园教师，从方便工作的角度考虑，她们把访谈地点都确定在所在幼儿园独立的教室进行。所有访谈都是在房间里没有其他人，只有访谈者和访谈对象的情况下进行的。有的访谈地点是在教师所在班级的教室（幼儿在对面单独的午睡室午睡）；有的是在幼儿园的接待室或美术室，还有的是在教师的办公室。在熟悉的空间中进行访谈，访谈对象更容易放松、自由地说出内心的真实感受。

五、研究资料的呈现与结果分析

（一）问卷调查资料的呈现与结果分析

本研究使用的调查问卷包括三部分内容。第一部分是教师的基本情况信息，主要包括教师的姓名、性别、年龄、教龄、学历、职称等。第二部分是特殊教育需要儿童的基本情况。学前融合教育班级的学生人数及特殊教育需要儿童的人数。第三部分是幼儿教师的学前融合教育体验以及幼儿教师的融合教育态度。研究者在微信群里发放问卷40份，回收问卷37份，剔除2份没有融合教育经验的教师填写的无效问卷，有效问卷35份。研究结果见表2-1。

表2-1　学前融合教育教师基本情况统计表

教师基本情况		人数（人）	百分比	备注
性别	女	35	100%	
年龄	40岁以上	2	6%	
	30~40岁	16	46%	
	30岁以下	17	48%	
教龄	10年以上	10	29%	
	5~10年	7	20%	
	5年以下	18	51%	
学历	研究生	1	3%	2位教师没有填写学历
	本科	13	37%	
	大专	18	51%	
	高中	1	3%	
职称	中级	8	23%	1位教师没有填写职称
	初级	6	17%	
	无	20	57%	

表2-2　学前融合教育班级特殊教育需要儿童情况统计表

特殊教育需要儿童基本情况		人数（人）	百分比	备注
性别	男	32	91%	
	女	3	11%	
是否有医学诊断	有	11	31%	3位教师没有填写是否有医学诊断
	无	21	60%	
学前融合教育班级师资配备	两教一保	32	91%	两个班级合用一个保育员称为"半保"
	两教半保	3	11%	

注：学前融合教育班级师资配备人数即32个班级是"两教一保"，即两位教师，一位保育员。而有3个班级是两教半保，即和其他班级共用一位保育员。

表 2-3　学前融合教育教师对学前融合教育态度统计表

对学前融合教育的态度	人数(人)	百分比
支持	30	86%
反对	2	6%
没有明确表态	3	8%

从统计表可以看出,参与问卷调查的幼儿教师全部为女性,年龄、教龄、学历和职称分布都较为均衡,见表2-2。支持学前儿童融合教育的为大多数,占所调查人数的86%,见表2-3。所涉及的特殊教育需要儿童的数量男多女少,这也符合整个特殊儿童的人群男多女少的特点。只有大约1/3的特殊教育需要儿童具有正式的医学诊断,另外60%的特殊教育需要儿童也有可能不属于正规意义上的特殊需要儿童。但在教师和家长沟通的情况下还是没有医院的诊断,反映了家长并不太重视或者不太认同教师的建议,也有可能是家长带孩子去医院做了诊断但不愿意面对现实而向教师隐瞒了医院的诊断证明。

(二)访谈资料的呈现与结果分析

本研究主要采用主题分析法对研究材料进行分析。"在人文科学研究中,可以通过探讨主题的方法论和哲学特征而对主题概念获得更好的了解。主题分析(theme analysis)是指主题意义不断显现的过程,在此过程中,通过作品的引申意义和形象描述将主题体现出来并使之清晰化。"[①]也就是说,主题分析的方法可以帮助研究者发现蕴含于大量凌乱而看似不相关的文本中的相关主题,归纳其相关经验的意义。通过呈现主题,揭示其本质。这一过程主要包括以下五步:

[①] 范梅南. 生活体验研究:人文科学视野中的教育学[M]. 宋广文等译. 北京:教育科学出版社,2003:102.

1. 整理观察记录，转录访谈资料

这两个工作是分别在两个不同的时间段进行的。从研究顺序来说，观察在前，整理观察记录在后。每天观察过后，研究者都会当天尽量在记忆清晰的情况下完成观察记录的整理和归档，辅之以情境的描述或者说明。例如观察记录：CJ 01-20151216。

晨间锻炼：

音乐声中ZYJ自己从队伍中跑出来，站在圈外，听着音乐，站在一边不动。

T老师过来把他牵到圈上，对他说"动一动"。他动了一动。

T老师一边带着孩子们做操，一边喊："ZYJ，找点子。"W老师过来把他带到点子上说："这是你的点子，不知道啊？"他不置可否。

我走过去，对他说："动起来。"我边说边做小蝴蝶的动作。他看到了，也伸出手来，跟着韵律做动作。这个动作应该是两只手放在下巴下面像花儿盛开一样的。但是他不会，总是两只手拧自己的小脸蛋，但韵律是对的。（如果条件允许进行一对一教学，应该是有效果的。）

访谈材料：

中间啊（停顿了一会）

中间有纠结。（抬起头来）

那时候也想过让他退园，想过放弃，领导也曾说过一句话（欲言又止），就是"那你就劝他退"。当时我也想过"如果没有这样的孩子，确实集体会更好"。

本次研究的访谈是在征得被访者同意的基础上，用手机和录音笔进行全程录音。每个访谈结束之后，研究者也都在随后的两三天内将访谈的内容逐字逐句整理成文本文件。遇到不太清楚的地方，找到当天的速记笔记两者对照。同时在文本中做好情境的描写，作为后续文本理解和分析的参考。每个被访者的访谈资料形成一个文档，并根据她们的代码和日期编号。采用代码而不使用她们的名字是为了保护各个被访者的隐私,不会被人轻易对号入座,妄加议论和猜测。例如 2016 年 5 月 17 日对 J 老师的访谈录音转录的 word 文本,编号为"J – 2016/05/17"。

2. 整理资料

全部资料收集转录完毕后,就需要整理资料,包括通读和整理观察记录、访谈材料、教师的教学笔记、教学档案和教师的论文。在通读的基础上对所研究的问题有大体的了解,然后再有重点地阅读部分文本,然后再回到整体,在整体中看待部分。初次通读材料时,研究者需要把自己放空,完全进入文本描述的世界,从材料中寻找主题和意义,并做好初步的标记,也可以做好初步的理解记录。例如,对 Z 老师访谈和观察记录以及教学论文通读后的理解:老师真不容易!在什么都不懂的情况下,能够想方设法地找到途径让家长面对现实。在每天都痛苦的状态中需要安抚自己、安抚孩子,很不简单!虽然想劝退的想法遭到了强烈的抵制,但遭抵制后能够调整自己的心态,接纳孩子,找各种机会提高自己的做法非常可取!这样的教师无论做什么都会做好!

3. 发现大体主题脉络

在整理资料的基础上,再次通读材料,在情境中理解研究对象,将各个部分的核心用多个关键词的形式归纳呈现出来,成为一个个意义单元,便于后续归纳主题进行研究。

例如 Z 老师材料的归纳:从时间的发展来看,从刚开始的抱怨、无奈忍受,到后来开始反思接受、最终开始寻找解决办法,Z 老师主要经历了怀疑—鉴定确认—尝试融合的教育历程。与此相适应,在心理上,可以简单归纳为怀疑、矛盾、无助和目前较从容四个时期。但淡定从容真不是那么容易做到的。不过,Z 老师一直是个会想办法调整自己心态的教师。

J 老师材料的归纳:从时间的发展来看,J 老师经历了手足无措—矛盾冲突—面对现实以及被迫进行融合实践的教育历程。与此相适应，在心理上，主要经历了迷惘、矛盾纠结、焦虑至较淡定四个时期。J老师是个很会自己安慰自己的教师。

4. 再次阅读归纳材料

第三步骤仅仅是以多个关键词的形式归纳材料，但还不够系统，也不够清晰。通过再次阅读，研究者可以不断进入研究对象的教育情境中，产生更加丰富的理解，发现更多的关键点。通过一次次的阅读访谈材料、观察记录和幼儿教师教学笔记、档案以及论文，分析材料，形成比较系统清晰的主题，发现资料中蕴含的意义。

5. 分析材料进行意义建构并确认主题

在最终确认主题之前，研究者必须经过一次又一次不断回环反复地阅读材料，进行意义建构，寻找到比较贴近研究对象教育实践的主题，并能够通过矛盾和冲突展现其对生命发展的意义。

在整理观察记录和转录访谈录音过程中，遇到不确定的问题时，研究者除了找出当时的速记笔记本两相对照之外，也会通过微信、短信或者电话与访谈对象进行沟通，避免不必要的误解。

整理与分析资料的过程是一个放下"自我"，进入原始资料，根据研究目的，对所有的研究资料进行重新的深度认识，然后再条理清晰、系统地展现出来，进行意义建构的过程。本研究采用了质性的研究类属分析和情境分析相结合的方式对资料进行归类和连续动态的呈现。

六、研究者的角色

在质性研究中，研究者是研究的重要工具。通过把自己作为研究工具的历程，在与研究对象进行交往互动的过程中，研究者对自己所研究的课题、自己以及世界中的事物都有了更加丰富的认识，对世间万物充满谦卑和敬畏，自我反思，不断获得自我成长。

刚开始与幼儿教师打交道的时候，研究者是作为一个所谓的"专家"出现的。因为这些幼儿教师没有接受过有关特殊教育的相关培

第二章 幼儿教师融合教育体验研究设计

训,特殊教育的基础知识几乎是零,特殊需要儿童离她们的生活较远、处于"只听说过,但从来没有真正见过"或者"曾经遇到过,但也没往这边想"的状态。而研究者由于在特殊教育学院工作了十几年,而且讲授过学前特殊教育的相关课程,接触过聋童、盲童、孤独症谱系障碍儿童、智力障碍儿童、脑瘫儿童、唐氏综合征等多种类型的学前特殊儿童。对于幼儿教师们来说,研究者是一个很好的倾诉对象。她们所说的,研究者都能理解。有的时候,研究者也能给她们提供较为实用的教学建议。所以,幼儿教师很愿意跟研究者分享学前融合教育过程中出现的困难和问题,希望能够得到指导,指出一条康庄大道。

但事实证明,研究者也并不是什么都懂的,仅仅是比她们早一点接触特殊教育,早一点接触特殊需要儿童。她们在实践中所遇到的问题,研究者也并不能够一一解答,但会跟她们一起讨论并积极想办法,共同面对。这时,研究者和幼儿教师的关系就转变成了伙伴——同舟共济的伙伴关系。而就在成为伙伴之后,研究者才感觉真正走进她们的世界,成为她们的"自己人"。她们不再是一类人,而是一个个鲜活的个体。每个人有着自己独特的喜怒哀乐,每个人既相同又不同。这真是一个很有意思的感觉,研究者开始真正了解她们——她为什么会这么做,而不是指责教师应该怎样怎样。这个变化是一个重要的转折。沉下心来,开始与研究对象一起体会她们所经历的一切。她们会发一些"你懂的"之类的牢骚。

因为各种各样的原因,有的教师就被排除在最终确定的选择之外。比如带特殊需要儿童的时间不够长,孩子就转学了;有的带特殊需要儿童的时间是在两三年前,时间有点久远。最终确定的访谈对象是彼此熟悉、彼此信任,支持学前融合教师的幼儿教师。她们每个人都兴趣浓厚,敞开心扉,有什么说什么。在访谈过程中,研究者不代替研究对象,只是倾听、共情,以开放和敏感的心态去接受访谈对象以语言、动作所表达的信息。

第三章　幼儿教师的融合教育体验

　　人类发展生态学认为个体是在与环境相互作用的过程中发展的。幼儿教师作为一个具体的、活生生的个体，也是在与周围微观系统、中间系统、外部系统和宏观系统的各个要素间的相互作用过程中体验着各自的融合教育历程。在融合教育现场，幼儿教师通过与各种特殊需要儿童、家长、园长以及配班教师等各方面的相互作用，最终形成既相似又并不完全相同的融合教育体验。正如著名作家列夫·托尔斯泰所言"幸福的家庭都是相似的，不幸的家庭各有各的不幸"。幼儿教师的融合教育体验也是如此：融合教育体验较积极的幼儿教师也有很多相似之处，能够为其他学前融合教育教师提供有意义的借鉴。

　　通过运用主题分析法对访谈文本以及相关的实物进行分析，研究者分别从幼儿教师的融合教育心路历程、幼儿教师的融合教育实践历程、幼儿教师融合教育过程中与"重要他人"的互动体验三个方面较全面地诠释了融合教育体验较积极的幼儿教师在班级中遇到特殊需要儿童之后的一系列主观感受，她们在学前融合教育过程中与各种相关因素的互动特点，以及她们不断地自我调节过程中的丰富体验。

第三章 幼儿教师的融合教育体验

第一节 幼儿教师的融合教育心路历程

由于前期问卷调查所得到的研究结果只是静态的描述,缺乏关于幼儿教师学前融合教育过程的动态展示,因此本研究重点选取了6位正在进行学前融合教育的幼儿教师进行深度访谈,详细了解她们的学前融合教育过程性体验。这些融合教师在学前融合教育过程中所遇到的问题是只带普通儿童的幼儿教师无法想象的。

无论是在参与观察融合教育班级活动中还是在对融合教师访谈过程中,整个研究过程都能够感受到融合教师强烈的感情变化,从她们遇到新问题时的孤独、无助、烦扰甚至爆发、冲突,到后来的反思、调整、接纳,各种情绪和滋味反复萦绕在她们的心头。特殊需要儿童所带来的问题和困扰长期存在于她们教育的日常生活中,她们所经历的巨大的职业挑战和剧烈的矛盾冲突是外人无从真正地感同身受的,唯有亲身经历,方能体会一二。虽然她们一路艰苦,但回顾来时路,研究者仍然能够从访谈中感受到她们的释然与欣然,就像经历过黑夜后看到清晨缕缕明媚的阳光。

一、迷惘与怀疑

(一)迷惘困惑

某些特殊需要儿童外部表现并不明显,不像某些障碍儿童,容易被人一下子识别出来。在较短时间的接触中,如果幼儿教师既没有接受过特殊教育相关培训,也没有与特殊需要儿童接触的相关经验,就不会想到孩子可能是特殊需要儿童。如 J 老师所说:

在入园之前,我们有一个亲子班。一个小时的时间,熟悉班级环境,熟悉自己班的老师。在亲子班的时候,我们就发现,因为孩子当时是外婆陪着的,基本上是外婆让 YY 坐在椅子上,要用胳膊把他钳住。因为那时候YY还小，表现出来就是比其他的孩子调皮一些，感觉稍微有些坐不住。家访的时候，整体还好，就发觉他好像眼神不看你，当他妈妈说"跟老师讲话"，他就是这样（教师眼睛看着别处），眼神不看你，眼神不聚焦，也没有太严重的问题。但是呢，我们也没有往其他方面去想。因为毕竟我们没有接触过这样的孩子。你听都没听说过这样的孩子，我身边也没有这样的孩子。只是觉得有点怪。（J-2016/05/17）

J老师此前未见过特殊儿童，看到一个儿童有点和其他儿童不一样，只是感觉"有点调皮"，不清楚儿童的真实情况，"也没有往其他方面去想"。因为"没听过也没有见过这样的孩子"。但其实心里也有困惑——这个孩子看起来有点怪。

（二）怀疑犹豫

如果幼儿教师是一个具有丰富幼教经验的幼儿教师，特别是具有特殊需要儿童教育经验，也是可以在比较短的时间内，凭借自己的教育经验，较早地发现儿童的特殊。如幼教专业毕业后就开始直接带班从事幼教工作17年的Z老师，在孩子入园前短短两小时的家访中就敏感地察觉到了孩子的异常。

家访时当着家长的面，且是第一次接触，你不可能给孩子下任何判断。后来出了门我就跟一起去家访的H老师说"这个孩子不太对"。H老师上一届带过3个特殊儿童。她说："是呀，跟我们班原来那个LY情况相似，他会不会也是孤独症呢？"因为接触时间太短，我说咱们谁都不敢保证。我们俩就一边走一边讨论。当时心里面就揪着，就觉得这个孩子跟普通孩子不太一样。因为我们看过的孩子太多了，不太一样的地方……（Z-2016/05/16）

H老师凭借着曾经带过孤独症谱系障碍儿童的工作经验，发现"这个孩子不太对"。但因接触时间太短，两个教师都不敢确定，有怀疑和犹豫，内心有点忐忑不安，担心孩子是特殊需要儿童。因为接触时间短，对孩子的了解不够全面，同时内心也有小小的侥幸，

第三章
幼儿教师的融合教育体验

希望通过进一步较长时间的接触和观察能够消除自己的顾虑。但是随着交往的增多和加深,孩子的问题越来越多,越来越清楚地显现出来。

大约8月下旬20号左右,亲子实验班的家长陪着孩子来一起参加活动。当要求大家坐到一起时,其他孩子由爸爸妈妈陪着一起安静坐下来活动,他完全坐不下来,乱跑。跑了以后妈妈就想把他抱回来嘛,抱回来他就打妈妈,把妈妈的眼镜都弄掉了,在活动场这里"啊啊啊"地叫。(Z-2016/05/16)

当特殊儿童的问题行为开始表现比较明显,甚至影响教学秩序的情况下,为了对孩子更负责任,幼儿教师会试探性地与家长交流,首先指出行为上"我跟他讲话,他好像听不懂"。然后再小心提出教师比较关心的问题:听力有没有问题?在得到家长否定回答的情况下——医生说听力是正常的!应该没什么问题吧!为了稳妥起见,幼儿教师还是会选择再继续观察一段时间:

因为那时候(开学一个多星期)大家(教师和家长)都不太熟,都在试探,对吧?我(老师)说,"很冒昧地问您(妈妈)一下,您有没有带他去做过听力检测啊?您跟他讲话,他好像听不懂。他是不是听力有问题啊?因为我跟他讲话,他没有任何反应。"妈妈回复说:"我们以前做过检查,医生讲听力都是好的呀!应该没什么问题吧!"她说:"我们家呢都是晚熟。像我吧,我们家都是晚熟。我们家的孩子年龄也小。"妈妈就跟我这么讲。我回复说:"我们班孩子都整体偏小,但他跟我们班的同龄的孩子确实是有差距。现在只能观察一个月之后,我才能给你进一步的……才来一两个星期,我不能给你任何这方面的决断。我需要再观察一个月。"

三个人都没有接触过特殊的孩子,也不知道该怎样进行教育。其实当时我们三个挺困惑的,真的挺困惑的。因为从没接触过这种情况的孩子。我当时就是很困惑:这孩子这样子到底该怎么办?!

在刚入学的一段时间内,面对特殊儿童,幼儿教师的心理是迷

惘与怀疑的。因为不了解特殊儿童,所以不知道如何去面对和教育他们。

二、矛盾与纠结

带着心里的疑问,幼儿教师的内心存在激烈的冲突。反复问自己到底该怎么办呢?

家访时看到是这样一个情况,比我们刚开始想象的还要严重。家访后老师会有情绪,有顾虑。正好孩子的爷爷生病了,奶奶就没上班,专职在家。幼儿园建议让孩子康复一下再来,来还是可以来的。就说"你还是再康复一下再入园,因为幼儿园孩子太多了怕照顾不到"。

从访谈中可以看出,虽然这个孩子入园前已经知道他是特殊儿童,但无论是教师还是幼儿园领导都没有接触过这类儿童的经验,都很忐忑不安,她们与那些入园后才知道孩子是特殊需要儿童的教师们一样,经历了一段痛苦的煎熬期。老师家访前听说孩子是特殊儿童,但以前从来没有见过。真正家访看到特殊儿童后会害怕,有顾虑,跟幼儿园领导反映情况,幼儿园领导也在犹豫。如果接受孩子入园,她们需要寻找能够带这个孩子的教师,这是摆在园长面前的首要任务。只有找到能带孩子的教师,幼儿园才能接纳这个孩子入园,所以幼儿园给家长的建议是"让孩子康复一下再来"。幼儿园利用"孩子康复"的时间,寻找合适的幼儿教师能够在"孩子康复"结束后真正上岗。

不仅入园前知道孩子是特殊需要儿童的幼儿园经历了矛盾纠结的过程,入园后一段时间知道具体情况的教师同样经历了充满矛盾的心理纠结过程。她们从一个教师的角度,是想接纳这个孩子的;但从实际工作的角度,又觉得自己不能胜任这份工作。在纠结中煎熬着怎么对待这个孩子?是接纳呢?还是拒绝?就像访谈中一个教师所说:

内心有一个声音说：留下他吧！另一个声音却在说：留下他，你怎么办呢？

幼儿教师在充满矛盾的纠结心理中艰难前行，有的教师情感的力量超过了理智，自主决定把孩子留在自己的班级。大部分教师把这个难题抛给了园长，希望园长能够帮助自己做这个决定——让孩子去或者留！出于各种各样的原因，园长为幼儿教师做了一个当时让她们很难理解和也很难接受的决定：接纳孩子！作为幼儿园教师的一员，无论有再多难以理解的情绪，教师们也必须接受园长的安排：面对现实，接纳与帮助孩子。

三、焦虑与无助

幼儿园无论出于什么原因接纳了特殊儿童入园，真正与孩子朝夕相处，具体实施融合教育的是幼儿教师。因此，面对特殊需要儿童，教师的心态是矛盾的、复杂的。一方面，从情感的角度上讲，幼儿教师既同情特殊需要儿童，也同情特殊需要儿童的家长，希望自己能够为他们做点事情；但从实际的工作压力角度讲，自己本来的工作就已经很繁杂，而班级中的特殊需要儿童会为自己增加更多的工作和压力。

(一)烦闷焦虑

班级里多了一个特殊儿童，在繁重的常规工作之外，幼儿教师要付出很多的精力和时间来照看孩子。幼儿教师经常会有的感觉就是"烦闷"，觉得"自己有些倒霉"。

说实话，如果这件事情发生在自己身上，是自己的孩子的话，我也会很难过。我也希望老师能够包容自己的孩子；但是说实话，我是一个老师，我也有情绪。特别是幼儿园工作这么繁忙的情况之下，我还要额外再付出很多的精力，去照看这个孩子，说实话心里面你说不排斥，不反感，我觉得这是不正常的。压力大了都会反感，但是每次我在烦他的时候，我就想"哎，这孩子也不容易。能帮他就帮帮他吧"。

虽然园长愿意接纳孩子，幼儿教师面对现实，尝试融合，但实际融合中的问题并不会因为你愿意去面对，它们就自动消失。幼儿教师不了解特殊需要儿童，没有相应的教学策略解决学前融合教育中出现的各种问题。当面对这些无法解决的问题的时候，幼儿教师心理就容易焦虑。

领导让我们全纳，我们就全纳吧！那怎么样"纳"呢？说实话，心里面还是排斥的。但是，当时最大的困惑其实是"我怎么帮他"，我不知道，很焦虑。因为领导决定接纳特殊需要儿童，但怎么接纳，谁都不知道。

学前融合教师这个阶段最重要的心理感受是：受挫消极、焦虑无助。

（二）崩溃与无助

既然接纳了特殊需要儿童，作为教师的她们很想为这些孩子做一些事情，使他们的幼儿园生活能像其他普通孩子一样，过得开心、快乐。但现实并不像我们所想象的那么美好，特殊需要儿童的各种特殊行为依然存在，甚至有的孩子出现新的难以控制的状况，比如有自残行为，教师明显感觉力不从心，崩溃、孤独。

到了中班有的孩子开始会有自残行为，包括撞墙、撞地、自己打自己，经常鼻青脸肿。有时候来的时候满脸都是青，自己打自己，自己咬自己。若不理他，他就把头对着墙撞，撞得非常响。这可怎么办呢？

那时候内心是崩溃的！因为有段时间正好我们班没有其他老师，我一个人带。就中班刚开学的时候我一个人！9月份实习老师来的，但10月份她走了。后来没办法，我就跟领导讲：我说带不了！真的是带不了！因为除了他们两个，还有两个特殊的孩子在班面。而且10月份是一个特殊的月份，也是幼儿园最忙的时候。班上还没有老师，这两个人又闹腾得令人特别崩溃！当时我一度想请假回家！

无论是幼儿园老师自己,还是做"接纳"决定的园长,都没有有效的方法解决问题。因为缺乏有力的帮助和支持,这个时候的幼儿教师会深感疲惫、乏力、无助,感觉没有人能够理解和支持自己。

觉得自己懵懂、迷茫,还有就是感觉特别孤单。虽然领导支持,但领导也非常忙。其他团队支持也有限,主要还是靠自己来面对这一切。

孤军奋战的感觉是无助的。在学前融合教育过程中,如果只有单独一个人面对特殊儿童,没有领导的支持和专家团队的实际支持,幼儿教师就会感觉全世界只有自己一个人,心理上特别容易感觉崩溃、孤单。

四、淡定与从容

随着时间的流逝,在日复一日的交往接触中,学前融合教师对特殊需要儿童的了解日益增多,在不断与领导沟通交流的过程中,领导开始给予充分的重视并提供必要的行政和心理支持,学前融合教育中的幼儿教师慢慢开始调整自己的心态,真正从内心接纳特殊需要儿童,适应特殊需要儿童所带来的班级环境的变化。幼儿教师适应学前融合教育首先需要做到心理适应。心理适应是社会适应的核心,是指个体进入一个新的、陌生的环境后,适当调整自己的认知、情绪、行为方式、价值观念等,以达到个体之间、个体与客体之间相互协调,个体体验满意的心理过程。它主要是指个体在面临各种挑战和危机时心理发生的变化,强调环境对个体心理的影响。[①]

反正老师也在逐渐地调整心态,心态调整好了,可能对孩子也是一种影响。

经历过反复挣扎,经历过烦躁无助,经历过不断地自我调节,然后慢慢学会了这种以更加宽容的心或者说更为平和的心态,学会

---

① 转引自杨彦平. 社会适应心理学[M]. 上海:上海社会科学院出版社,2010:9.

去理解他们(特殊儿童)。

在心理适应的基础上,幼儿教师才能够定下心来,安安静静地思考问题,思考"学会去理解他们(特殊儿童)",考虑如何调整自己在融合教育过程中的态度和行为。

学会自我调节心态,这一点非常重要。但是可能很多老师马上就能理解,或者能去做的。这个需要靠自己,慢慢去换一个角度,或者换一个思路去看待这样的问题。可能有的教师到时候会"哎呀,我怎么摊上这样的孩子啊"产生一些埋怨。这些都是很正常的事情。怎么把心态调整好,以一种平和的心去解决这些问题,跟你很烦躁地发脾气"你怎么又这样啦"等等,其实也是在给其他孩子做一个正面的示范,对吧?我觉得很重要,你要学会去理解他们。

在日复一日与特殊需要儿童的互动体验中,幼儿教师不再排斥和逃避,开始学会与特殊儿童和解,与自己和解。从心理上适应环境,然后才能比较平和淡定地看待特殊需要儿童的特殊行为。适应才能平和,平和才能从容,从容才能成长。当以一种比较平和的态度来看待特殊需要儿童,和他们一起成长,教师就会从孩子身上感受到收获的喜悦。如访谈中老师所说:

其实你教他的时候,你也从他身上学习到一些东西。因为一直都是这样,学习都是相互的。我给了你什么,你其实反馈给我的,说不定比我给你的还要多,在幼儿园也是这样。老师是和孩子共同成长的。我们带这么多孩子,每一年都不一样,那么你所感悟的东西也不一样。你不要以为你在教他,其实,有的时候,他带给你的那份成长也好,那份经历也好,都是弥足珍贵的一种经历,或者可以说是一笔财富!其实孩子给你的会更多,真的!所以,有的时候,孩子在成长,对我来说也是一种成长,对我再去跟我的孩子(自己的儿子)交流也是一种感悟。

从怀疑迷惘、矛盾纠结、焦虑无助到淡定从容,幼儿教师的融合教育心路历程,不是直线前进的,而是曲线发展的。在每一阶段都有每一阶段需要解决的主要问题，都有每个阶段的主要的心理感受。但这四个阶段并不是截然分开，而是在前行中会有很多的反复，比如淡定从容的阶段也并不是就没有焦虑和无助。当遇到解决不了的人和事的时候，学前融合教师依然还是会感觉到焦急和孤独。

"无助感"是幼儿教师在融合教育过程中心理的常态。这是每个幼儿教师在访谈中都跟我反复提到的一个词。当感觉"无助"的时候，老师们就会想要放弃。但融合教育的时间越久，她们越不会像以前那样，一直生活在焦虑的状态中。在各方的支持下，她们会在"无助"中慢慢调整自己的心态，使用各种方式使自己跳出负面的情绪，积极思考并寻求解决问题的方法。

因此，融合教育中的孩子在成长，与孩子一起成长的还有不断改变自己适应特殊需要儿童的学前融合教师。幼儿教师的融合教育过程本质是一段幼儿教师自我成长的历程，从焦虑、愤懑、埋怨、挫败中，慢慢学会豁达、平和与慈悲。

第二节　幼儿教师的融合教育实践历程

从时间和空间上看，无论幼儿教师是否清楚儿童具体的特殊需要情况，从特殊需要儿童入园之日起，幼儿教师就和特殊需要儿童一起开始了他们共同的学前融合教育历程。直到特殊需要儿童离园，幼儿教师的融合教育历程才宣告结束。在这短短的两到三年的时间内，由于特殊需要儿童的存在，原来普通的幼儿教师成为学前融合教育教师。多数幼儿教师在特殊需要儿童入园前并不清楚他们的具体情况，她们在没有任何准备的情况下，跌跌撞撞地走过了职业生涯中一段不平凡的历程。幼儿教师的融合教育心路历程和实践历程共同作用，相互影响，形成整个融合教育过程。

本研究根据从特殊需要儿童入园后，幼儿教师在学前融合教育

实践中所遇到的问题以及她们的表现,将她们的学前融合教育实践历程划分为以下四个阶段:

一、初识小儿,手足无措期——这个孩子正常吗

著名心理学家维果茨基指出:"异常儿童心理发展的基本特点是发展的两个方面(生物发展和文化发展)的脱离,而正常儿童发展的典型特征恰恰是这两个方面的结合。"特殊需要儿童在儿童心理发展的动作、语言和适应行为三大领域都表现出与普通儿童明显的异常。

(一)语言领域

刚入园的特殊需要儿童语言发展表现出与年龄不相符的异常。和他沟通没有反应,说话不清楚,甚至基本上不说话。

(二)适应行为

刚入园的特殊需要儿童基本不能听懂和理解老师的指令,很难适应幼儿园的生活。行为表现异常,或怪异,或夸张。

孩子喜欢乱跑,从这个床跑到那个床,从那个床跑到这个床,到处乱跑,你没有办法让他停下来。

还有就是敲东西,拼命地敲东西。你在那里睡(午觉)得好好的,他就突然上来咬你一口。咬我们也就算了,有时也会咬小朋友。在亲子班的时候我们就发现,表现出来就是比其他的孩子调皮一些,可能就是稍微有些坐不住。……然后对老师指令不能很好地去听从。但是因为其他孩子也是第一次接触到学校和老师,也有个别孩子出现了这种情况,所以当时我们也没有多往其他方面去考虑。就觉得这个孩子调皮,男孩子嘛,有时坐不住也正常。

然后到了9月1日正式开学时,班上3位老师。当时保育老师看到YY爬窗户,想往外翻逃走。他在每个教室乱窜完全坐不住!甚至餐车来了,他就去扒那个汤桶。我们当时很紧张,害怕万一发生烫伤事故。所以我们班的汤桶一直都是放在教室外面。因为当时托班那时候就这么大(教师比画了一下我们访谈教室,有15平方米

左右），很小，摆四张桌子就满了。汤桶就一直放在教室外面。他吃完以后，就满教室乱跑，吃得特别快。一些常规的日常行为，比如说小便、洗手、喝水，这些他都不太会。

（三）动作领域

特殊需要儿童的动作与同龄普通儿童相比，发展慢，差距很大。孩子各方面表现很弱，跟奶奶说的不一样。奶奶说他能走路，实际上要牵着走路。单独走的是小颠步，尤其是上下楼梯，更要扶着，孩子没有力气。手拿杯子都拿不稳，都要老师帮着托着。

面对特殊需要儿童的异常行为，教师们虽然已有10年以上的幼教工作经验，但还是普遍感觉无所适从，不知道该怎么办。

"怎么是这样子的啊？"我们当时就是一脸……（教师做出不理解的表情）

我当时一直担心带个脾气暴躁的孩子怎么办？（见面第一天）看到孩子，我心里"咯噔"一下。奶奶一个劲地说他什么都会干，说他很能干的。

"每个孩子都是不一样的"，特殊需要儿童各有各的不一样。在幼儿园进行学前融合教育的特殊需要儿童主要有两类：一类是儿童的外在特征非常明显，家人在入园前就已经带儿童到正规的医院做过完整规范的检查，具有明确诊断，家人清楚儿童的特殊需要，如唐氏综合征儿童、视觉障碍儿童及听觉障碍儿童。还有一类特殊需要儿童的外在特征并不十分显著，家人也并不明确了解正常儿童的身心发展特征，认为"孩子都是这样的，长大就好了"，但随着年龄的增长，儿童的特殊症状并没有消失，有的方面比如情绪问题可能会更加严重，如孤独症谱系障碍儿童。目前在幼儿园进行学前融合教育的特殊需要儿童中这类儿童较多，原因主要有以下两个方面：一是因为这类儿童入园前不易被家人发现；二是因为个别这类儿童会在某些方面比较能干，家人容易忽视他们发展中的异常表现，或误认为他们是"超常儿童"。第一类儿童入园面试时幼儿园教师就能够轻易地发现儿童的异常。面对儿童明显的外部特征，家长也会告知幼儿园该幼儿的具体障碍类型，以期获得教师对孩子的关怀和支持。第二类儿童仅仅凭借入园面试时的一面之见较难发现，家长没有带孩子去做过检查，也并不清楚自己孩子属于特殊需要儿童；而有的家长即使带孩子去医院做过正规的检查并有医院的明确诊断，出于保护孩子和维护家长"面子"的考虑，在入园初期，家长不会也不愿意对教师坦诚相告，这就决定了幼儿教师面对新入园的特殊需要儿童时不知道怎么办，手足无措。

二、诊断确认，矛盾冲突期——这个孩子不一样，是否可以劝退

（一）诊断确认

基本经过一个月左右的多角度观察，幼儿教师可以初步判定"这个孩子不一样"。后来观察了一个月以后，发现这个孩子，可能跟其他的孩子有些不一样，但孩子是否真正不一样？需要有专业医院的确诊。在仔细观察基础上，教师还需要积极主动、反复，甚至需要极其艰难地借助外部力量说服家长，正视孩子的现实情况，寻求专业医院的诊断和鉴定。

有时我们跟家长讲，家长完全不相信我们，园长来了几次，在园长面前，他都表现得很乖。园长觉得还可以嘛！后来有一天园长路过我们班，偶然看到他很疯狂的状态了，在教室里跑来跑去。于是，我们就想通过介绍人和家长沟通一下。介绍的老师专门跑到我们班来，看了两天半日活动，然后用手机把视频录下来，给家长看。家长才相信。当天晚上，妈妈的信息就过来了，说"老师，不好意思，我真没有想到，我的儿子在学校是这种表现……"

面对特殊需要儿童，幼儿教师由于缺乏特殊教育经验，普遍不够自信，不知道到底应该用什么样的方式对待特殊需要儿童。此时，特殊需要儿童的异常行为又雪上加霜，干扰了正常教学秩序，增加

了幼儿教师的工作量和工作强度。

因为他这一个月对班上其他孩子的影响，其实很大！托班孩子上一节课一般总共8分钟到10分钟的时间，你好不容易融入了一个情境，孩子们一个个听得很认真。他在那儿突然大喊，所有孩子全呆掉了。当时我就很着急。然后我教孩子们唱歌，他声音永远比我高八度，也不知道在唱什么东西。我就很焦虑，每天回家后，就累得在床上不想动了！

在实践中，还有一类特殊需要儿童属于单纯的生理性疾病，需要教师多观察，和家长多沟通，及时带儿童到正规医院检查。例如在研究者与幼儿园教师打交道的过程中，一位非常支持学前融合教育的园长在和研究者交流心得体会的过程中讲述的一个真实案例：

一个幼儿经常大便在自己身上，教师反复多次告知家长，教育幼儿。家长甚至动手打骂孩子，但都没有效果。教师埋怨家长，认为是家长不配合，没有对幼儿进行相应的家庭教育；或者幼儿故意以这种方式和自己拧着来；而家长则认为幼儿是故意不听话，因此重复简单的打骂。但实际上事情的真相是：孩子也不想大便在自己身上，但他控制不了自己的行为。家长最后带孩子去医院检查，结果经医生诊断孩子患了一种肛肠疾病，患这种疾病的孩子确实不能控制自己的大便。

（二）矛盾冲突

面对着特殊需要儿童带来的班级管理、人员配备以及教学上的巨大压力，幼儿教师首先想到的解决方案是：是否能够劝退？

当时是真的有劝退他的想法。因为从没接触过这类孩子。我就是很困惑：你说这孩子怎么这样子？！你说把我们搞成这样子？！以后幼儿园四年，不出大问题，接下来的四年，我们三个人肯定是跟着他走的，接下来的四年，怎么办？

另一位老师说：班上又多了7个小孩，共36个小孩，我们确实一下子真的没有那个精力能够去照顾到他。原来的时候人还少一点，还对他关注多一点。现在，孩子又大了，一下子那么多人呢，又有新生入班。你还要照顾到插班过来的新生。有几个插班生，一直哭，哭了一个多月，你还得照顾这些新生。每天真的是焦头烂额。你这边还要再看着他，感觉就实在是没有这个精力。

因为和访谈的教师们有过长期的接触，有的教师是从特殊需要儿童入园时研究者就开始和她们接触，接触时间比较短的也有大约1年的时间。在访谈之前，我到每个班就都做过观察，和教师们建立起彼此信任的关系。在访谈中，我们能够相互理解，彼此坦诚。因为研究者接触特殊需要儿童的时间比较长，接触的类型也比较多，他们所说的这些孩子的表现我都能理解。当她们说出她们的真实想法的时候，研究者有一种特别舒服的感觉：她们信任我！愿意对我说实话！我非常理解她们工作的不易。比如上面老师的想法非常真实。

和这样的孩子在一起的每一天，教师们都不知道他们会给自己带来什么样的挑战。接收一个特殊需要儿童，意味着教师们曾经拥有的教学经验不再适用，她们将不得不因为一个特殊的孩子来调整自己已有的知识结构和经验，不仅结果未知，而且这是一个充满痛苦、挫折感和无助感的孤身一人的旅程。这种痛苦、挫折感和无助感是所有融合教育教师都反复提到的。无论是在访谈中，还是在实际的观察过程中都可以发现，从目前的实际情况来看，学前融合教育班级幼儿教师们能够获得的帮助和支持特别少。从社会心理学的角度来看，"劝退"的想法是一种人在不可预知的压力状态下的一种自我保护反应，是个体维持心理平衡的行为，是一种最简单的自我防御机制。自我保护反应(self-protective responses，SPR)是个体维护内心平衡的自觉自动的行为，所以是个体及心理上的习惯；为了遮掩不能接受的内在冲动或现实环境，以减少痛苦或对其原因的意识。按照适应层次由低到高，SPR可分为：自我防御、应对措施、调适机制。①

利用身边的资源是一种个体常用的协助自己缓解压力的方法。幼儿教师首先想到的可以利用的资源是找自己的领导：

我们三个人就开了个会，然后把YY入园后的行为表现列了一个书面的文件。列出来后就请了我们当时的园长老师——刘园长。因为每天上完课，我们三个人都很累。几乎是一个人要单独去照料他，另外两个人去管其他的孩子。然后我们就跟园长打了申请。

无论特殊需要儿童是入幼儿园后发现的还是入幼儿园前即就发现，幼儿园教师一般都经历过一段想要放弃的矛盾时期。从自身的接纳能力和所面临的实际教育教学困难的角度考虑，感觉劝退是最实际的解决方案；但从情感上来讲，这个孩子进了自己的班级，成为自己班级的一分子，已经有了一定的感情，又真的不想劝退。

我们当时的申请是：YY这样的孩子，他的行为表现，能否适应我们的集体生活？我觉得，如果他能够到像H教授所讲的脑科医院这样专科的医院去，比放在这边，老师没有精力去问他，去管他，或者去专门地引导他，对他来讲，应该前者是更好的！我们完全是从孩子的角度去考虑的。

也有幼儿教师从家长的角度出发，尽可能了解家长，了解孩子的家庭，尽量自己克服工作中遇到的困难。

我没有说过劝退孩子的话。因为（我觉得）孩子的父母，特别妈妈和外婆非常不容易。他外婆跟我说，奶奶那边基本不管这个孩子。他从小奶奶就没带过，说是腰不好，就没带。后来知道孩子这个情况（孤独症谱系障碍）后，他奶奶家包括爸爸是想放弃这个孩子的。他爸爸还要跟他妈妈离婚。那个时候，心里面，对他妈妈是有点同情……真的挺可怜的！因为我觉得他妈妈真是蛮伟大的！人家把家庭情况跟我说了，我觉得也不好意思开口（劝退）。

---

① 杨彦平. 社会适应心理学[M]. 上海：上海社会科学院出版社，2010：59.

三、面对现实,尝试融合期——我该怎么办

在这个时期,决定孩子是否能够继续留在幼儿园,进行学前融合教育的决定权取决于幼儿园园长。有的特殊需要儿童是因为家长是单位职工,园长不得不接纳。

当时报名的时候老师知道孩子是"唐氏",但是没有看到他本人。后来,找了一个老师,一个有爱心的老师去他家家访。当时不知道什么叫唐氏,打算去看看。知道幼儿园里有这么一个孩子要进来,这个(孩子)是(幼儿园)一定要接收的吗?是的,因为他是单位的孩子,一定要进来的。

而有的园长接纳特殊需要儿童,是因为园长本身具有较为宽广的儿童观和教育观:

刘园长说我们要"全纳",当时刘老师只给我了一个意见,就是"全纳",她说我们幼儿园的宗旨就是"全纳才能共生"。

也有的园长会从言语上安抚教师,希望教师接纳特殊需要儿童:

这种特殊孩子嘛,总需要我们多一点的付出吧!

幼儿园无论什么原因接纳了特殊儿童入园,真正与孩子朝夕相处,具体实施融合教育的是幼儿教师。因此,面对特殊需要儿童,教师的心态是矛盾的、复杂的。一方面,从情感的角度上讲,幼儿教师既同情特殊需要儿童,也同情特殊需要儿童的家长,希望自己能够为他们做点事情;但从实际的工作压力角度讲,幼儿教师的工作本来就已经很繁杂,班级中的特殊需要儿童会为自己增加更多的压力和挑战。

无论是我自己,还是身边的同事,以及做"接纳"决定的园长,都不能解决学前融合教育过程中出现的各种问题,幼儿教师们已有的普通幼儿的教育方法已经不足以应对融合教育中出现的新问题。教师们在教育中普遍表现是:我接受融合了,但我不知道我该怎么做?有谁能来帮帮我?

但是说实话，当时的困惑就是"我怎么帮他"，我不知道。

在孩子人数较少，教师有时间有能力、条件允许的情况下，教师们在教学中普遍采取的是"一对一"的教学方式。

托班孩子较少的时候，我只能不带班的时候就是拉着他，我一个人单独面对他，牵着他，单独带他玩。他那时候喜欢看车，喜欢看各种牌子的车。我就翻那种车的书跟他两个人单独去讲，这是最原始的一种状态。其他小朋友上课的时候，就是我给他上课的时间，单独在一个地方给他上课。

托班人少时，教师可以进行一对一的教学。但当孩子们进入小班，班里一下子增加到满额。幼儿教师需要面对全班36个孩子，既要带班，还要满足特殊需要儿童的特殊教育需要。特别遇到一个教师外出学习或者培训，班里只有一个人带班，教学压力较重，领导又不体谅的时候，幼儿教师根本无法应对，焦头烂额。

有的时候要来人检查，我正在忙着应付检查，当时和我搭班的是一个实习生。一个实习的小老师，不太能帮上忙。你正在那里做东西，这边又哭起来了。那个孩子手足无措的时候，你要停下所有的工作，去照顾他，去照顾他以后班上的其他工作都做不了。那个时候其实挺烦躁的，那边领导还问你：你为什么没有把这个东西弄出来啊？怎么怎么的……

四、排除万难，曲折实践期——如何实施融合

当园长做了"接纳"的决定，面对现实，怎样接纳就成为切实摆在教师面前的实实在在的问题！教师们即使当时不理解心里也很清楚：这个孩子会跟着我一直到他大班毕业。我是他的教师，我需要对他负责！这个时候，她们想的最多的问题是：我怎么对他进行教育呢？我是他的老师——成为一个激励教师多方争取支持、不断学习、积极改变自己的基本的动力。

（一）积极主动了解特殊需要儿童，引导普通儿童接纳不一样的同伴

研究表明，幼教工作者是否自学过特殊教育专业知识对特殊幼儿进入所在班级或幼儿园的态度有显著性差异。自学过特殊教育专业知识的人在接纳态度上表现得更为积极。[①]

1. 积极主动自学，利用一切机会了解特殊需要儿童

自己上网，到图书馆查资料，多方联系同事、朋友，寻找医院或者特殊教育专业人士寻求帮助是幼儿教师自学的基本方式。

说实话，我自己私下里也翻了不少这方面的资料，也买了些这方面的书，也去过图书馆，了解各方面的资料，一直想去更好地了解这些孩子，丰富一下自己相关的知识。也会跟其他带过这类孩子的老师沟通，或者请教自己能够联系的医生。

2. 主动参加相关培训或学习，调整自己的教育教学方法

学前融合教育中的幼儿教师除了利用一切可以获得的机会了解特殊需要儿童之外，身处幼儿园，她们还会主动与幼儿园园长联系，经常和园长聊聊特殊需要儿童的近期表现，说说自己工作中遇到的困难，争取领导的理解并争取参加特殊教育相关培训或学习的机会。

领导知道我们班的情况，现在只要有随班就读的培训，每一次我都参加的。培训会一般安排在周末或者假期。暑假那么热的天，我每次都坚持来的，认真做笔记，努力学习。

访谈中 X 老师在了解融合教育之前曾经带过特殊需要儿童，但由于当时不了解特殊需要儿童，并没有特殊教育的意识，更没有进行融合教育的能力。在参加过几次融合教育培训和观摩学习，了解了一些特殊需要儿童的特点之后，很有感触地讲：

那时候不知道特殊需要儿童，就是觉得这个孩子怎么什么都吃，以为是异食癖。当时只是觉得那个孩子有点不对，不会说话，没办

---

① 孙玉梅．湖北省幼教工作者学前融合教育观念与态度的研究[D]．华中师范大学，2008，(22)．

法上课，我需要单独带他。

刚毕业，我上课的时候他（特殊孩子）基本不怎么上课。他一直在跑。有时候他就一直在叫，一个人在班级里哭啊、闹啊，控制不了，就一直有个老师在帮忙带，当时班上的保育员老师一直单独带着他。现在回头想想，我觉得他很大可能是孤独症儿童。

了解特殊教育相关信息后，教师们会对特殊需要儿童有一定程度的了解。在了解的基础上，比较容易理解特殊儿童的行为。有了理解，就更容易接纳特殊需要儿童。

后来孩子哭时，我就把他带出去，哄好再回来。有的时候上着上着课，他就哭了，谁也不知道为什么。有的时候他也会发火、发脾气。但我不能对他发脾气啊，我就抱一抱他。有的时候，怎么哄都没办法，就只能等他自己好。

了解、理解和接纳特殊教育需要儿童是学前融合教育的基础。要实现真正的"融合"，还需要教师做教育的"有心人"，不断总结、归纳和调整自己面对特殊需要儿童的教育教学方法。另一位专门从事聋儿听力语言康复工作十几年的C老师很有心得地向研究者传授她的个人教学心得：

首先，让他慢慢接受（教学任务），所以我每次给他安排的目标（教学目标）都没有那么难，我是先让他接纳这个东西。他每次做这件事情比较容易的时候，情绪还可以，就能够接受了。但是呢，就这个活动稍微提高一点点难度的时候呢，他情绪就又崩溃了，他就没有办法继续下去。他一旦遇到困难的时候，他就会情绪收不住。所以，我在教学过程中，可能更加会注意他的一些情绪的调控。我会告诉他怎么去调节自己的情绪。比如今天他说："我拽不动了。"我就让他对自己说："没关系，我可以再来一次！"其实你看他那么小，但是说了这句话以后，就慢慢给他一定的时间去等待、去调控，他情绪会好很多。而且，就是这个孩子他以前每次遇到一点点挫折的时候，他就会把东西吃到嘴里去，然后崩溃地揪他自己的头发。现在在我的课堂上，他已经基本没有这种行为问题了。所以，我觉得首先要解决他的一些情绪和行为问题是很重要的。

3. 示范、引导普通儿童接纳不一样的同伴

当幼儿教师自己能够接纳特殊需要儿童之后，才能通过实际的行动给普通儿童做好示范，引导他们接纳不一样的同伴。

一开始班上帮助他们的孩子不是很多。到了大班以后，孩子特别爱去帮助他们，还有人愿意、抢着要去帮助他们。比如说主动帮助YY，"YY，你不会做操吗？我搀着你走，我带着你走！"到了大班以后，我就觉得孩子们很愿意去帮助他，争着帮助。有时候他一个人能在慢慢做好，我们就锻炼他自己帮，就说"不要帮他做，让他自己做"。他自己做，所有的东西都弄翻掉了以后，这时就会有孩子说："哎，我来帮你吧！"大家争抢着说"我来帮他做"。大班的其他孩子在这个方面变化比较大，小班的时候是没有太多的孩子帮助他的。

（二）端正态度，争取特殊需要儿童家长的配合

教育从来都不是单独的教育者的行为，而是包含教师、家长在内的所有教育相关者的系统工作。其中，家园合作最为重要。幼儿教师和特殊需要儿童家长的配合直接影响着特殊需要儿童在幼儿园的生活，也影响着学前融合教育的效果。

1. 幼儿教师需要了解和理解特殊需要儿童家长

特殊需要儿童家长的心态是复杂的，因此他们并不一定入园初期就配合幼儿教师的工作。幼儿教师需要充分理解和体谅家长的难处，多站在家长的角度考虑问题，多了解，多理解，争取特殊需要儿童家长对学前融合教育工作的配合和支持。

这个过程是循序渐进的。慢慢地她发现我确实是为孩子好，比如我会陪她去医院；在休息时间都在跟她聊一些东西；电话也打，QQ聊得也比较多，因为我们上班的时候没空。她就会想，"哎，你看星期天，老师都还在想着我们孩子的事情。我好像也没有这个理

由不配合"。家长慢慢这样去打开心结吧，大家很平等地去对话。我告诉她，有这样的孩子，也不是你的错。我们绝对能够理解。然后那时候我就跟她聊："看，孩子这样的情况，作为家长，我真是太能理解你了。你看，你们说不定夫妻还为他吵架，家庭矛盾……"她当时就握住我的手说："老师，你说得太对了。我们为这个也在家吵过、闹过……"就是你一下子让她感觉你跟她是在同一条战线上的，不是对立面。然后她就能对你敞开心扉，慢慢去了解。但是，这个确实是需要老师的沟通艺术的，需要去跟她沟通。

就像她一开始来找我，"孩子是不是有什么问题啊"，我说"我需要先观察一个多月的时间，我不可能现在就给你确定地说他有什么问题"。因为她这样就觉得老师是很负责任的。你不是随便就跟我讲"你家小孩，你看就是有问题的"不是很多人会这样把家长讲一顿嘛?! 她(家长)就觉得老师嫌我烦，我没有这样。我很谨慎地跟她讲，"他确实跟其他孩子不一样，我需要再观察一段时间。我现在不可能给你任何这方面的判断，或是决断的。"我觉得跟家长的沟通，确实需要站在家长的角度，你切身实地地为她去考虑，而不是说作为一个老师趾高气扬地去指挥她干嘛干嘛，这是很重要的。其实我也是费了很长时间才打开她的心结，而且也利用了很多业余时间才慢慢打开。所以你看她(家长)跟班上其他老师从来不说她孩子的事，她只跟我说，因为她觉得我理解她。

在了解和理解的同时，幼儿教师也需要注意与特殊需要儿童家长沟通的方式、方法。由于经验不足，特殊需要儿童的家长并不一定能真正明白自己的特殊需要儿童与同龄普通儿童之间的差距，教师需要多给他们成长的时间和思考的空间。

大概开学一个多星期以后，孩子妈妈中午就单独来找过我，说"孩子，是不是……"她的话就讲得就很委婉。"是不是有什么不太好的地方啊?"她说："我也蛮担心的，我想问问。"

2. 在互相尊重基础上和特殊儿童家长建立有效的沟通

融合教育班级的幼儿教师无论采用什么方法与特殊儿童家长沟

通，都必须尊重特殊儿童家长，尊重特殊儿童。在尊重的基础上，与家长进行一对一的沟通，不指责，不抱怨，不对其他幼儿家长乱说，用令人信服的方法和为他人着想的人格赢得特殊需要儿童家长的尊重与配合。

我觉得如果你突然拿视频给家长看，家长会觉得你有点不尊重孩子！

因为有的家长不配合，不相信老师讲的幼儿在园的情况。我就用相机把幼儿在园的行为拍摄下来，开家长会的时候单独把家长留下来，给家长看。家长看完后，我当着家长的面全部删除，消除家长的后顾之忧。

运用教师面谈、园长面谈，甚至寻找能够帮助家长消除顾虑的第三方做家长工作；QQ 聊天、微信聊天，邀请家长参加幼儿园的家长开放日等多种方式方法争取他们能够面对现实。

一开始家长也不信，后来我就跟 H 老师商量了一下，我就说："我们怎么能让家长理解，来配合我们的工作呢？"后来我们商量的结果是找这个孩子的介绍人来班内看课，来看孩子的具体情况，通过介绍人来做家长工作，然后家长会的时候邀请家长来看。

3. 坚持——得到家长的认可和支持

融合教育并没有想象中那样一帆风顺。学前融合教育的进行需要教师的坚持。访谈中，听障儿童的融合教育教师提到：

刚开始时，聋儿家长很不理解，他们觉得在聋校挺好，孩子经过老师的训练学会说很多话。另外，我们幼儿园交通不够方便，给他们日常接送带来困难。最主要的原因是，家长认为，在我们幼儿园语言训练的时间与在聋校相比少了许多，而他们最迫切的要求就是——孩子能够在老师的督促下，不停地进行语言训练，尽早说更多的话。不少聋儿家长觉得，让自己孩子和普通孩子一起游戏是浪费时间，认为孩子开始贪玩了，不再喜欢看书识字了。发现家长们心里的疙瘩后，我及时与他们交换了意见。

第三章 幼儿教师的融合教育体验

(三) 坚定立场,采取一切方法争取普通孩子家长的理解

1. 幼儿教师首先需要坚定自己的融合教育信念

幼儿教师对特殊需要儿童的态度,对融合教育的态度非常重要。幼儿教师需要明确自己的融合教育立场,坚持自己的主见,不被普通孩子家长的反对声所干扰。在端正态度的基础上,再采取合适的方法同普通家长沟通交流。经过一段时间的沟通,当普通孩子的家长看到班级里的特殊需要儿童并没有给自己家孩子带来什么负面的影响,甚至还有正面影响的时候,自然而然也就能够接受学前融合教育。

家长一般是分头来找我,然后我就分头做工作。相对来讲,我就是讲得很直接,我就说你也是做妈妈的,对吧?我也是做妈妈的。如果你的孩子这样,你是否需要得到别人更多的关心和宽容呢?我说孩子不是在绝缘的环境下生长的。谁都想我的孩子跟好孩子在一起,近朱者赤,近墨者黑,对吧?但是你不可能用个玻璃罩把他罩在真空的环境,他到社会上,到任何环境,都会遇到不同的人。你现在让他学会跟不同的人交往,也是让他慢慢强大起来,其实也是一种学习,一种社会性学习。基本上都是妈妈来找我谈,爸爸几乎没有。所以,我就从妈妈的角度出发,我就说如果你的孩子是这样的孩子,你的孩子如果在班上被别人排斥,被别人孤立,有的甚至有些不好的话,甚至是谩骂,你会是一个什么样的心态?任何母亲肯定都不允许自己的孩子被别人这样对待。虽然他跟别人不一样,其实我们每个人都不一样。因为你是老师嘛,你这么一说,你又把这个态度摆在这里,所以她们大多还是能理解的。

从访谈中可以看到,面对普通孩子家长的反对,幼儿教师的"态度摆在这里"非常重要。幼儿教师的坚定立场不仅可以打消普通孩子家长的观望态度,还可以给特殊儿童家长以鼓励和支持。然后幼儿教师又站在母亲的角色立场上,以心换心,换位思考,引导家长首先能够理解特殊儿童家长,理解教师。

2. 幼儿教师采取一切有效方法，争取班级家长的支持

教师还需要采取一切必要的方法，帮助家长了解特殊需要儿童，理解融合教育。例如利用幼儿园的园讯通、班级QQ群、家长园地等平台，介绍融合教育。采取个别谈话、家长会的形式和家长交流、沟通。同时，通过教学活动、一对一的帮扶形式，让孩子们了解特殊需要儿童。先做好孩子们的思想工作，由孩子们回家做爸爸妈妈的思想工作。

在访谈学前融合教师之前，研究者曾经访谈过幼儿园融合教育班级的家长，当他们看到学前融合教育并没有给自己的孩子带来负面影响，甚至还带来了某些良好的变化，他们的态度和行为发生了变化，从原来的不支持转变为不反对或者接纳。

孩子回家说班上有唐氏儿，学（唐氏儿的）动作、表情，我在网上查了一下，没什么。我的孩子经常教他打电话，教他讲话。不过我后来给老师提了意见，融合指和每一个人，建议老师轮组，后来班上家长也同意。平时做游戏、系鞋带，都是我儿子帮忙，孩子们相处是比较和谐的。现在全班和他融合得挺好！

特殊需要儿童学前融合教育的时间基本是小班入园到大班结束的三年时间，在这个过程中，幼儿教师的融合教育历程并不是一帆风顺的。他们经历了跃跃欲试地尝试接受、初尝挫折打算放弃、面对现实进行融合的艰难过程。即使在园长的坚持下进行融合教育的过程中，遇到比较难以解决的情况，幼儿教师也有很多想要放弃的时刻，想要不管特殊需要儿童的时候。但孩子们把教师们又拉回到真实的现实，她们知道逃不掉。孩子是她班上的孩子，是"我的孩子，我必须管到底"。于是，收拾心情，重新上路。挣扎过、困顿过，在挣扎困顿中多方努力、劳心劳力的结果并不尽相同。有的教师在这个不断挣扎的过程中，支持着孩子的成长，成就了自己；而有的教师，仅仅是送走了一批毕业的孩子。

第三节 幼儿教师融合教育过程中
与"重要他人"的互动体验

先天之"你"实现于与相遇者之亲身体验的关系中。人可在相遇者身上发现"你",可在唯一性中把握"你",最后,可用原初次称述"你"。这一切均筑基在关系之先验的根上。① 幼儿教师的融合教育历程,实现于与之相遇的"重要他人"之"亲身体验"的关系中。影响幼儿教师学前融合历程的"重要他人"主要有:特殊需要儿童、特殊需要儿童家长、幼儿园领导、配班教师以及专业成长共同体。

一、学前融合教师与特殊需要儿童的互动体验——痛并成长着

"人类最根本的生存应该是关系化生存"——无论对于普通儿童还是特殊需要儿童,关系都是非常重要的。普通儿童从出生起就具有极强的与他人建立关系的能力。他们会用眼神、动作、表情甚至哭、笑,与依恋者建立起亲密的依恋关系,进而与同伴建立起"有的时候喜欢但有的时候不喜欢你"的同伴关系。但由于特殊需要儿童具有与普通儿童不一样的身心发展特点,他们带给学前融合教师的互动体验也与普通幼儿带给幼儿教师的体验不同。

因为障碍程度较重的特殊需要儿童在语言、动作、认知等各个方面的发展水平与普通儿童相比有较大差距,在成长的过程中比较容易被家长发觉并被诊断发现。所以,3岁时没有被家长发现能够进

---

① [德]马丁·布伯. 我与你[M]. 陈维纲译. 北京:商务印书馆出版,2015:28.

入普通幼儿园正常入园的特殊需要儿童一般障碍程度较轻，或者儿童本身属于不易被发现的特殊儿童。前者如轻度听觉障碍儿童、轻度视觉障碍儿童、轻度智力落后儿童等；后者如孤独症谱系障碍儿童等。幼儿园常见的特殊需要儿童虽然障碍类型不同，障碍程度不同，但他们在语言、动作、生活自理以及社会适应能力的发展上，会表现出与普通儿童明显不同的特点。

（一）行为和情绪：不听指令，随意行动，情绪较难控制

最容易引起幼儿教师关注的是儿童的行为和情绪问题。比如集体教学活动中随意下位，不听指令，用教师的话说就是"坐不住"；不断说话；不停转圈；突然大声喊叫；对教师和其他孩子都不感兴趣；不玩玩具或者玩玩具的方式比较单一等；突然的哭闹、尖叫；经常无缘无故大哭，一哭起来就不能自已，教师用尽办法，各种哄都无济于事；午睡时基本很难入睡；个别特殊需要儿童会有攻击他人和自伤的行为。例如，在访谈中，X教师谈到YY：

行为问题：他上课时不能好好上，经常忽然就跑开，那个时候其实LL比YY跑得厉害，YY还能坐一会儿。两个人经常是这样子，LL顺这个角，来回跑，YY顺那个角，来回跑。两个人就这样在教室里交叉跑(LL和YY都是经过医院诊断的孤独症谱系障碍儿童)。YY有一阵子在幼儿园午睡过的，正常睡过一段时间，但给大家造成的影响特别大，后来就不在幼儿园午睡了。他家人想让他睡，想让他接受这种正常的教育。我们也试着让他睡过的，他躺在小床上，我躺在他边上，然后也不太行。他有时候在床上笑，就"哈哈哈"笑，要不然就不停地哭，要不然就来回爬，要不然就叫，基本上是没有办法入睡。后来就把他抱到这边(教室)来睡，把桌子拼起来(这个幼儿园的午睡房间和教室是分开的)。老师陪着他一个人在教室里午睡。有的时候陪着他，能把他哄睡着，睡着了就把他抱过去(午睡房间)。但是他睡觉也基本上不太好，睡得好还行，睡得不好，在这边还是不太行。有时候能哄睡着，有时候他兴奋的时候还是睡不着的。

基本上睡的不是太多吧。每天陪他睡觉也是挺痛苦的一件事情。

情绪问题：一般孩子上课哭了，按照我们的经验来讲，基本是能够哄好的。因为毕竟经常带孩子嘛。你哄，肯定是能够哄好的！但是其他孩子不会像他这样子的，就是不停地、没有理由地哭。他不会说，他也根本说不出来。然后他那个时候是要抱，整天要抱着他。然后到处抱着，那个时候就是只要他不哭就行，就到处抱着。但是抱着哄着，他不像其他孩子，安慰过以后就行，他还是不行，放下来又哭了。

咬人：有时候他还会有咬人行为。你在那睡得好好的，他就突然上来咬你一口。咬我们老师也就算了，如果咬小朋友，人家家长肯定有意见，对吧？YY家人也知道，他后来就不在幼儿园午睡了。

(二)语言发展异常

特殊需要儿童语言发展的四个方面：语音、语义、语法、语用都表现出明显的异常。具体表现为：只会发极少的音，发出的音较古怪，音调奇怪；3岁入园不会说话或者只能说出极少的词语；语法颠倒，混乱；平常不看教师，也不听教师讲话。教师主动与其说话时，孩子好像没有听见一样，不理睬教师；也可能会表现出听不懂的样子茫然地看着教师；也可能鹦鹉学舌或者答非所问。例如：

YY只会讲"找阿婆，找阿婆"，其他的话讲不出来，而且他口齿不清，很多老师都听不懂他说话的。然后要仔细听才能勉强听懂一些。

(三)动作发展落后于普通儿童

无论是粗大动作还是精细动作，特殊需要儿童的发展水平都远远落后于同年龄的普通儿童。具体表现为：不做早操；动作不协调；不会双脚蹦、单脚跳；经常磕磕碰碰；3岁入园时走、跑、跳等粗大动作和手的精细动作都发展较晚，明显落后于其他同龄儿童。如走路不协调、不会跳，不会手握勺子吃饭，也不能手拿杯子喝水。玩玩具的方式比较单一，以重复固定的击打、从高处坠落的方式玩玩具。例如：

> YY 根本不会跳，不会动。一些简单的，小班孩子应该会做的动作他都无法独立完成。协调性非常差，包括走路等，而且坐不住，不愿意坐在小椅子上。

（四）生活自理能力较弱

特殊需要儿童的生活自理能力普遍较弱。具体表现为：不会吃饭，甚至不会自己拿杯子喝水。比如本研究中的唐氏综合征儿童：喝水的时候需要教师端着水杯放在他的嘴边，他才会喝几口。喝水的时候，他也不太会吞咽。水经常会随着嘴角流下来，需要教师另一只手随手拿着毛巾或者纸巾帮他擦嘴巴；不会大小便；经常大小便在自己的衣服上，有较明显的进食问题。如进食困难，不太会咀嚼，喜欢吃流质食物，碰到需要咀嚼的食物容易放弃。例如：

> YY 刚来时，他不会用茶杯喝水；他连杯子都不知道该怎样去拿，水龙头也不知道怎么用，拧水龙头都不会。拧水龙头不会吧，也就算了，帮帮他。然后是，茶杯不会拿，自己不会握。就是你给他一杯水，我说"你喝"。然后你帮他拿好，这样子给他一个动作喝，他也不会（教师同时做出手拿杯子帮助幼儿喝水的动作）。

> YY 那个时候每天都大小便在身上，基本上是每天都有这样的情况出现。

（五）适应环境较慢

特殊需要儿童适应环境的方式与普通儿童存在极其明显的差异。普通儿童在幼儿园会有自己的好朋友，喜欢和小伙伴们疯成一团。但有的特殊需要儿童经常会一个人独自坐在角落里自言自语或者玩特别痴迷的某个玩具或者自己的手；与同伴基本没有互动；偶尔被动回应教师。无论是集体教学活动，还是自由游戏活动，他们都是游离的状态。即使玩他们喜欢的游戏，他们也不能全情投入地玩，而是玩一会自己喜欢的游戏，一会去看看这个游戏，一会儿再看看那个游戏，再转回来玩自己的游戏，再走开，如此反复。也有的特殊需要儿童特别执着于一个人待着。有的孤独症谱系障碍儿童会在长达约一个小时的时间内，独自一个人坐在椅子上。如观察记录片段：

8：50~9：00　一个人坐在小椅子上，偶尔看看自己的小手。

9：13~9：23　一个人坐在小椅子上，小腿转向左边，看看自己的小手，嘴巴里念念有词，听不清楚的发音"ji da ji cai qi da ……"

9：33~9：40　一个人坐在小椅子上看手，念念有词，但基本屁股没有离开椅面，身体左转转右转转。

9：40　站起来，看着自己的手，一条腿放在椅子上，整个身体围着椅子转了两圈，然后坐下。

由于缺乏相应的人际互动认知和交往技能，特殊需要儿童也会出现社会行为问题。例如YY喜欢和人说话距离特别近，贴近小朋友的脸，对方伸出手来表示要他保持一定的距离，他就以为对方要打他，他将会立即伸手打人。

特殊需要儿童和普通儿童相比有很多的不同，上文仅仅是列出了比较明显的五个方面的表现。因为这五个方面比较明显，比较容易被幼儿教师所觉察。这五个方面的表现，可以帮助有经验的幼儿教师在比较短的时间内对特殊需要儿童进行筛查。但并不是所有的特殊需要儿童都如文字中描述的一样，也并不是一个或者两个方面稍微与文中描述相近就一定是特殊需要儿童。幼儿教师并不具备特殊需要儿童诊断和评估的能力。特殊需要儿童的诊断评估工作需要相应的专业医院来做。此外，对儿童进行诊断和评估的目的不是为了给孩子贴标签，而是为了通过诊断和评估更深入地了解特殊需要儿童，在了解儿童身心发展特点的基础上给儿童的成长提供更合适的支持。

无论是何种障碍类型和障碍程度，对于那些没有接触过学前融合教育的幼儿教师来说，她们有着共同的感受：

（一）在痛苦中改变

每个幼儿教师所带的特殊教育需要儿童不同，但无论是哪类特殊教育需要儿童，教师都需要从什么都不懂的零基础开始学习特殊需要儿童相关的特殊教育知识。从教学实践的角度来看，融合教育的过程是幼儿教师从无到有，不断学习和检验特殊教育知识和技能的过程。从刚开始由于不了解而烦躁不安到后来的耐心观察和施教，所有的一切，都不是凭空而来，都是幼儿教师经过痛苦的学习和改变自己而得来的。

我们认为公平、宽容、关爱、尊重他人等诸如此类的核心社会价值观念，以及对知识的探求，都不单单是通过灌输支离破碎的各个要素而获得的，更多地要通过直接参与的个人体验来培养，因为这类价值观念是不能脱离现实生活的实际情景习得。① 融合教育过程不仅仅是通过特殊需要儿童践行这些核心社会价值观念的过程，更是普通儿童真真切切地接触、了解和理解这个核心价值观念的过程。他们从学前融合教育现实生活的实际情景中通过观察幼儿教师的行为潜移默化地习得这些理念。

孩子他也能听到、看到、感受到。说白了，就是他（特殊儿童）再不听话，老师也一直在平和地劝他，平和地去告诉他，那么他也会学会你的这个方式去平和地去对待他。所以这个也是慢慢去体悟出来的。

学前融合教育并不是简单地把特殊需要儿童放在教室里，和小朋友们坐在一起。特殊需要儿童和其他孩子一样，需要教师的关爱，需要同伴的接纳。同伴接纳的方式和程度从一定角度上可以反映特殊需要儿童是否被教师接纳。虽然特殊需要儿童"他看东看西，就是不看我"，但有的特殊需要儿童是班级乃至幼儿园的"小明星"，而有

---

① 杜晓萍．全纳教育及其中国面临的挑战[J]．现代特殊教育 2007，3：14-16．

的特殊需要儿童却被同伴评价为"我们就当他不存在"。即使我们可以列出包括气质类型、相貌特征、家庭类型、居住环境甚至孩子还在母亲体内时母亲的情绪状态等等一系列有可能导致这些孩子被同伴忽视的原因,但最为关键的一点是——这些孩子在成为被同伴忽视的人之前就已经被老师忽视了!① 这是研究者进进出出不同融合教育班级的时候,脑海中不断地反复出现的一句话。只有幼儿教师真正接纳了特殊需要儿童,普通儿童才有可能真正学会接纳,学前融合教育班级的师幼互动以及幼儿与幼儿之间的互动才有可能是和谐融洽的。而真正接纳特殊需要儿童,对于幼儿教师来说,并不是从看到特殊需要儿童的那一天就能做到的。无论是心理上的接纳还是行动上的接纳,都需要教师改变自己原有的儿童观、教育观,改变自己已有的教育经验,不断学习新的知识和技能。

(二)在改变中成长

"你"与我相遇,我步入与"你"的直接关系里。……凡真实的人生皆是相遇。②真正的教师与其学生的关系便是这种"我—你"关系的一种表现。为了帮助学生把自己最佳的潜能充分发挥出来,老师必须把他看作为具有潜在性与现实性的特定人格,更准确地说,不可视他为一系列性质、追求和阻障的单纯聚合,而应把他的人格当作一个整体,由此来肯定他。这就要求老师要随时与学生处于二元关系中,把他视作伙伴而与之相遇。

同时,为了让自己对学生的影响充溢整体意义,他不仅须从自己一方,且也须从对方的角度,根据对方一切因素来体会这种关

---

① 刘晶波. 社会学视野下的师幼互动行为研究——我在幼儿园看到了什么[M]. 南京:南京师范大学出版社,2006.
② [德]马丁·布伯. 我与你[M]. 陈维纲译. 北京:商务印书馆出版,2015:14.

系。① 只有当融合教育班级的幼儿教师开始改变自己适应儿童的时候，她们才会把儿童的人格看作一个整体，肯定他们，不把他们当作工作中的阻碍，才能发挥出儿童自身的潜能，并能够在这个过程中实现自身的成长。

在真正的"我—你"关系中，教师会尝试着去观察孩子，理解孩子，调整自己的教育行为。根据仔细观察，幼儿教师可以找到孩子的兴趣和爱好。从他们感兴趣的东西入手，用孩子能够接受的方式进行教育，才可能会有教育的效果。

以前我们还没发现他这样子，就是吃木瓜开始发现他喜欢吃东西。后来我们在几个活动区呢，因为小朋友带的木瓜多，时间长了容易坏，我们就增加了。像今天增加了"蚕宝宝区"，上次是增加了"品尝区"。Z老师切好，看哪边游戏区的小朋友玩得差不多了，就邀请小朋友来免费品尝。小孩都很喜欢吃，他也喜欢得不得了。我说："GG，你要吃，你要先坐好。"他就"坐好"，就坐坐好等待。他知道坐，他坐坐好。我们知道：哎，吃东西对他管用。后来就慢慢开始用吃来"勾引"他。Z老师说："哎呀，你讲得真好。你跟他喊，确实他听不懂。你还生气。你还不如这样子，自己心态还好一点。"因为你跟他喊，他根本不懂。然后就这样调整，用他能够接受的方式去沟通。我说就像教小毛娃一样的，慢慢去一点一点，一点一点去教他。本身他的认知就比其他孩子要慢。

当教师从内心深处真正接纳特殊需要儿童，她们会自觉地改变自己，改变自己来适应特殊需要儿童。从特殊需要儿童本身的实际出发——"你跟他喊，他也听不懂"，"本身他的认知就比其他孩子要慢"，调整自己的教育策略——"慢慢跟他讲""像教小毛娃一样的"。在这种真实的"我—你"关系中，达到教师和孩子的共同成长。

---

① [德]马丁·布伯.我与你[M].陈维纲译.北京：商务印书馆出版，2015：118.

二、学前融合教师与特殊需要儿童家长的互动体验——以心换心换真情

任何一个孩子的成长都需要家庭和学校的合作。特殊需要儿童在幼儿园的成长更需要家长支持配合幼儿教师的工作。但是特殊需要儿童家长面对幼儿教师的心态是复杂的,他们一方面想得到教师对自己孩子的关心和支持;另一方面他们又想忽略孩子是特殊儿童的事实。这种矛盾的心态和回避问题的行为给幼儿教师带来很多的困扰。幼儿教师希望能够了解特殊需要儿童更多、更详细的真实情况。但出于保护自己孩子的角度,他们的家长却不愿意正视孩子的特殊需要,家长会以"我们家的孩子小""我们什么问题都没有"等理由逃避。面对家长的态度,幼儿教师的内心是绝望的、崩溃的。他们希望家长能够尽早对自己坦诚相待,但现实往往事与愿违。于是,幼儿教师采取各种方法让家长能够正视现实,理解教师的处境,直接面对特殊需要儿童的问题。

因为接触到了这些孩子,说实话,我们做老师的,还是都挺有责任心的。嗯,不是说,随他去的那种。我们是想把他慢慢拉回来,或者拉回这个群体,或者是做些什么对他有些什么样的帮助。遇到家长不理解时,因为我们都是做妈妈的,做家长的,所以会用一颗母亲的心来对待孩子。家长一般会怕被别人看不起,怕被老师瞧不起。所以我一直以妈妈这个身份和她对话。因为我也是有孩子的,嗯,我的孩子多大了,我的孩子成长过程中一个母亲为了孩子可以付出什么,我是懂的。一直都是以我跟她主要沟通为主。因为我是班主任,同时我也是一个孩子的母亲。我慢慢地以朋友的方式去跟她聊,很平和、很平等地跟她去聊,从妈妈的角度去跟她聊,慢慢建立起来互相的信任。她觉得吧,哎,这个老师是真心为孩子好的,不是说想把孩子往外推的或想推卸责任的。

从以上的访谈记录中可以看到,幼儿教师要取得家长的理解和

支持，首先需要站在家长的角度上思考家长所可能面对的问题，幼儿教师首先需要理解家长。以理解家长为前提，转换身份，幼儿教师以母亲的身份而不是以教师的身份和家长交流，"让她感觉你跟她是在同一条战线上的，不是对立面"，更容易建立起与家长之间的信任关系。幼儿教师可以通过锲而不舍的坚持、多次约谈，邀请家长参加家长开放日活动，撰写详细的观察记录，寻找合适的中间人传递信息等多种方式把家长拉回到现实中，去面对孩子存在的问题。因此，对于特殊需要儿童的家长，幼儿教师需要做到以心换心，以真诚换来理解和信任。

三、学前融合教师与幼儿园领导的互动体验——锲而不舍寻支持

幼儿园学前融合教育的效果与幼儿园园长的观念和行为有很强的相关性。如果园长理解并且在行动上支持，学前融合教师就比较容易得到来自同事、家长、专家等多方面的支持。所以，幼儿教师需要尽最大可能地争取来自幼儿园领导的支持。学前融合教育的顺利进行，单靠学前融合教育班级教师的力量是远远不够的。园长的宣传和重视，对于整个幼儿园学前融合教育环境的创设，能够起到事半功倍的效果。

园领导的正面宣传，每次大会小会都讲，宣传融合教育的理念。教师们都知道了融合教育。家长会也讲，给家长做思想工作，然后行动上给予支持，让我单独带他(特殊需要儿童)。

后来工作中，感觉缺少特殊教育的知识。那时候我就跟领导提了，让我去参加特殊教育下面的培训吧！一开始上课我今天想给他上什么课就上什么课，一天两天可以，一个礼拜两个礼拜下来就觉得不应该这样！每个孩子都应该有系统的计划！这样子不合适！我就开始跟领导要求参加特教培训。

但并不是所有的园长都了解学前融合教育，面对既不了解特殊

需要儿童，也并不了解学前融合教育的园长，学前融合教师就必须一次又一次地主动与园长沟通、交流，把自己遇到的问题和困难摆出来，争取领导给予自己所需要的帮助。

一次不行我就申请两次，两次不行我就申请三次。跟前一个园长说了，后来我们又来一个园长，我又跟我们现在的园长反映情况。后来园长说有这样的一个组（学前融合教育课题组），就让我来参加了。

四、学前融合教师与同班教师的互动体验——同舟共济渡难关

学前融合教师班级不仅有主班教师，还有配班教师和保育员。按照幼儿园的标准配置，班级一般三位教师——一位主班教师，一位配班教师，还有一位保育员。主班教师对班级负主要责任。配班教师一般是刚毕业的或者毕业时间不长，教育经验不太充足的年轻教师，跟着主班教师学习教育教学的相关经验。而保育员主要负责班级孩子的吃、穿等保育工作。

本研究中论述的幼儿教师的学前教育体验是以主班教师为观察和访谈对象进行的研究。本研究也得到了班级里配班教师和保育员的支持和帮助。每个班级的配班教师和保育员都有一大堆的疑问或者牢骚，但无论如何，她们都对主班教师的行为给予了充分肯定和支持。她们把主班教师和自己看成"同一战壕里的队友"，她们会安慰、鼓励主班教师，也会在主班教师需要的时候"搭把手"。配班教师和保育员的理解和配合对于主班教师非常重要，特别是在主班教师矛盾纠结和焦虑无助的时期。主班教师找不到合适的人帮助自己解决烦恼。领导能够听你说，但不一定真得懂你。和其他没有经验的同事说，她们都不懂，唯有和有共同经验的配班教师及保育员聊聊，才能找到共鸣，争取对方的支持和理解，一起商量具体的对策。因此学前融合教育班级"两教一保"的人员配备非常重要。只有两位

教师和保育员团结一致，大家才能够同舟共济渡过难关。

还有同事之间相互支持也好，鼓励也好，是非常重要的。三个人一定要齐心协力，同事之间的那种搭配也是蛮重要的。你想让他（特殊需要儿童）好，但是你不能让每个人都跟你一样，要取得她们（搭班的老师和保育员）的支持和理解！有的时候我一个人带班，他很影响上课的时候，张老师一边做事，一边还带着他。就是在三个人之间的这种配合才让我们坚持了下来。

五、学前融合教师与专业成长共同体的互动体验——抱团取暖也取经

共同体的概念来源于德国社会学学者滕尼斯，他认为共同体是基于共同的理想、信念和追求而形成的一种紧密合作关系。学习共同体即为了学习、通过学习而建立起来的学习型组织。它是建立在互信、互利的基础上，通过学习者与助学者的信息交流，分享彼此的教育资源，完成特定的学习任务，实现教育资源的共享。[①] 学前融合教育专业成长共同体是学前融合教育班级的幼儿教师、接纳特殊需要儿童的幼儿园园长、从事特殊需要儿童教育和研究的特殊教育工作者，以及从事特殊需要儿童治疗和康复工作的医务工作者在为了儿童的发展这一共同的信念和价值观的基础上，以解决学前融合教育中的问题为目标，分享彼此在与特殊需要儿童交往过程中遇到的各种问题，通过成员之间的讨论，交流有效的经验和方法，从而实现各方成长的一种专业学习型组织。

许秀萍等在研究建议中提出"针对融合议题给予老师们充分而持续的对话机会"[②]，即针对融合教育议题，给予老师们充分而持续的

---

① 史文秀. 专业发展取向下的幼儿教师学习共同体构建[J]. 教育探索，2013(9)：110-112.

② 许秀萍，洪启玲，谢芳琪，等. 三位幼教老师实施融合教育的故事[J]. 台北市立教育大学学报，民98，第40卷第2期.

讨论的机会。幼儿园里接收的主要是正常儿童，每个班级遇到的问题大同小异。教师们经常在同一年级组之间互相沟通，教师们"取他山之石，攻己班之玉"，基本能够解决正常儿童教育过程中遇到的各种问题。但特殊需要儿童进入幼儿园之后，带特殊儿童班级的教师遇到问题只是可以跟园长发发牢骚、诉诉苦，但不知道可以向谁寻求解决问题的方法，也找不到可以进行充分讨论、分享特殊需要儿童教育问题的同行，遇到问题，只能一个人摸索，看不到光明和希望。

  如果能够建立跨越园所、跨越专业的包括幼儿园教师、特殊教育教师、医生、康复治疗师等针对特殊儿童教育的专业学习共同体，幼儿园教师、特教教师以及医生、康复治疗师们定期见面，分享讨论特殊儿童教育工作中遇到的问题，群策群力，不仅能够给幼儿教师带来集体的力量，同时也可以学习交流并且有效解决有关特殊儿童医疗、教育的现实问题。例如，南京市鼓楼区 2012 年建立了"学前融合教育项目组"。项目组的教师主要是鼓楼区各个幼儿园正在带特殊儿童或者曾经带过特殊儿童的幼儿教师，同时还有鼓楼区特殊教育学校的特教专家和教师以及江苏省教科所幼教研究所的专家。在鼓楼区幼教教研员的组织下，项目组定期到不同幼儿园观察特殊需要儿童、讨论不同的特殊教育案例，普教教师与特教教师深度合作，形成多方的、持续不断、长期的、有深度的交流和讨论。项目组以观察、讨论、分享、外出参观交流、聆听专家讲座等不同方式支持在幼儿园从事特殊儿童早期教育工作的教师们。

  本研究参与访谈的教师有五位是参与这个融合教育项目组的教师，她们在访谈过程中都谈到了"学前融合教育项目组"对她们的及时帮助，都觉得因为这个项目组的存在，她们的工作不再是"一个人的独舞"。

  后来我才知道，原来有这么多的人在做这件事情，我是不孤单的。在项目组中，有人理解你，也有人关注你，还有人指导你。这种在茫茫人海中遇到知音的感觉并不是一位学前融合教育教师所独有，而是每位项目组教师的心声。

另一位幼儿教师用一个非常诗意的比喻"黑暗中的灯塔"来形容加入项目组后的感受。因为当时自己真的是很迷茫的，就像是在夜里走路一样，一片漆黑。你不知道这个路怎么走下去，到底该往东走，往西走，往北走还是往南走。它就像黑暗中的灯塔一样，因为我们没有这种专业背景，就像你讲就这个孩子的情况在你们看来就算好的啦。但是对我们来说，他跟其他孩子是不一样的！

按照马斯洛的需要层次论，"学前融合教育项目组"这个专业成长共同体的存在，满足了学前融合教师爱和归属的需要以及尊重的需要。教师们普遍感觉"总算找到组织了"，她们不再是孤军奋战，单打独斗地摸索特殊儿童教育问题，而是在集体领导下有组织有计划地学习，收获更多。在这个团体中，每个成员相互了解，经常沟通。每个教师遇到的问题都可以拿出来与其他教师一起讨论，寻求相应的解决办法。大家能够在共同的学前融合教育体验中毫不费力地达到相互理解。项目组的存在使各位学前融合老师有了满满的归属感。同行的建议可以帮助教师思考自己遇到的问题，积极寻求解决之道，在解决问题的过程中，获得自信，得到来自他人的尊重和工作中的成就感。

加入这个团体，让人很有归属感，有认同感。因为大家都能理解你，你的焦虑，你的烦恼，你的各种各样问题或者哪怕是家长，哪怕是家长的表现，你都能够找到很多共同语言。大家能够相互认同，而且你付出的那么多辛苦，只有她们能够完全理解。其他人或多或少有些同情，但是她们并不能真正体会到你内心。

因为教师们有着共同的经历，在"学前融合教育项目组"这个专业共同体里，幼儿教师非常容易得到其他教师的理解和共鸣。这种理解和共鸣是其他没有经历过学前融合教育的教师所没有的。只有经历过的幼儿教师，才可能有真正的感同身受。

第三章 幼儿教师的融合教育体验

你只有亲身经历过,有这方面的体会才能够真切地感受到。你没有经历过,是没有这种感觉有,你(其他同事的)看(我带特殊需要儿童)跟做(直接带特殊需要儿童)完全是两回事。

从特殊需要儿童的筛查评估到具体的个别化教育计划的实施,仅仅靠学前融合教师一人是不足以完成融合教育的一系列工作的。无论是幼儿园内的教育和指导,还是幼儿园外的康复训练和辅导,学前融合教育的实施需要有一批既懂得普通儿童身心发展规律和特点,又了解不同特殊需要儿童的身心发展规律和特点的有强烈的责任感和事业心的专业人员。专业成长共同体不仅能够给教师们提供情感上的支撑,还能通过培训、专家讲座、讨论交流、经验分享的教学活动给予学前融合教师专业上的支持。

各方参与组建的学前融合教育专业成长共同体,它具有三个重要特点:一是专业性。参加共同体的人员都是专业的幼儿教师工作者、专业的特殊教育工作者、专业的儿科医务工作者。参加人员的专业性决定了学习共同体的专业性。二是协同性。学前融合教育专业学习共同体给各方提供了一个多方共同合作学习和支持发展的平台,每一个参与者都能从与他人的协同合作中汲取他人的智慧,实现各方的"互惠""共赢"。此外,幼儿教师不仅能够得到专业的医学和特殊教育的指导,同时还能够获得园长的行政支持和同事的积极配合。三是任务导向。专业学习共同体的建立是以解决问题为目标的。每一次交流和讨论幼儿教师都分享案例,提出学前融合教育过程中出现的问题,通过各方充分的交流,达到有效解决问题的目的。这三个特点满足了学前融合教育教师的心理调适的需要和特殊教育专业知识和技能的需要,激发了学前融合教育教师极大的工作热情。她们想方设法解决融合教育过程中的问题,提高自己的教育教学能力。

如一位教师在发表的论文中曾这样写道:我有幸加入了江苏省幼儿教师与特殊教育研究所组织的"学前融合教育项目小组",这无疑为我和悦悦(化名)的融合教育添加了最有力的专业辅助。有园领导的支持和专家的指导,自信满满的我开始大量收集、学习孤独症相关知识,并配合医院的"感统训练",为悦悦设立了一套系统的运动课程。①

---

① 习荣静. 幼儿园教师接纳孤独症幼儿的心路历程[J]. 现代特殊教育,2016(1): 70-72.

第四章　幼儿教师融合教育体验的影响因素分析

在具体的学前融合教育过程中，学前融合教育的效果大相径庭，幼儿教师的融合教育体验也各不相同。本研究结合问卷调查有针对性地选取了具有一定代表性融合教育效果较好的幼儿教师进行深度访谈，主要目的是想探求影响学前融合教育效果的因素有哪些？这些因素又是怎样相互作用影响着幼儿教师的融合教育体验？

第一节　幼儿教师学前融合教育中的重要他人

一、特殊需要儿童的障碍特点是影响幼儿教师融合教育体验的首要因素

每个特殊需要儿童的障碍类型不同、障碍程度也完全不同。普通儿童之间存在着极大的个别差异，特殊需要儿童之间的个别差异要比普通儿童之间的差异更大。本研究中涉及的特殊需要儿童主要有三类：孤独症谱系障碍儿童、唐氏综合征儿童和听力障碍儿童。

1943年美国精神病医生Leo Kanner根据他所收治的11例有古怪行为问题的儿童的长期观察，首次提出了"早期婴幼儿孤独症（early Infantile autism）"的概念，也有翻译为"自闭症"。这个名称来自于古

希腊的"自我(auto)",因为这些孩子看起来就像封闭在自我的世界里。孤独症儿童的主要特征有:比较难以与他人建立和发展人际关系;言语获得迟缓或者丧失曾经的语言能力;有比较明显的重复和刻板行为;缺乏想象;发病期通常在幼儿期,即3岁之前。基本临床特征为三联征:即社会交往障碍、言语发育障碍、兴趣范围狭窄以及刻板、单一的行为方式。2013年美国精神病学会发布的精神疾病诊断统计手册第5版(Diagnostic and Statistical Manual of Mental Disorders – fifth edition,DSM – V)中正式提出了孤独症谱系障碍(autistic spectrum disorders,ASD)的概念,对原有的孤独症及其相关障碍标准做了比较大的修订,① 提出孤独症谱系障碍儿童的四大诊断标准:(1)在各种情景下持续存在的社会交流和社会交往缺陷,不能用一般的发育迟缓解释。具体有①社会—情感互动缺陷;②用于社会交往的非言语交流行为缺陷;③建立或维持与其发育水平相符的人际关系缺陷。

(2)行为方式、兴趣或活动内容狭隘、重复,至少符合以下4项中的2项:①语言、动作或物体运用刻板或重复;②过分坚持某些常规及言语或非言语的仪式行为,或对改变过分抵抗;③高度狭隘、固定的兴趣;④对感觉刺激反应异常。

(3)儿童早期出现以上症状。

(4)所有症状共同限制和损害了日常功能,即对儿童的日常生活造成一定的影响。

孤独症谱系障碍儿童在以上提到的行为和情绪、语言、动作、生活自理能力和社会适应能力五个主要领域都会明显异于普通儿童。

(1)行为和情绪:表现出比较怪异的行为,如一直坐在小椅子上看自己的小手;躺在地上看天花板上转动的风扇;在教室里总是走固定的线路;等等。情绪极其不稳定,会毫无征兆、毫无缘由地大

---

① 邹晓兵,邓红珠. 儿童孤独症谱系障碍——美国精神疾病诊断分类手册第5版"孤独症谱系障碍诊断标准"解读[J]. 中国实用儿科杂志,2013(8):561.

第四章 幼儿教师融合教育体验的影响因素分析

哭或者大笑，大哭或者大笑开始和结束的时间都是由他们自己决定，教师怎么哄都哄不好。

（2）语言：孤独症谱系障碍儿童语言发展异常主要表现为语言发展迟缓或缺失、语言重复、语言运用能力障碍或者语言的音调、重音、速度、语音等方面异常。比如不会说话或者说很少的话，只会鹦鹉学舌式重复别人的话，听不懂别人的话，或者"语音语调怪怪的，听起来像个外国人"。

（3）动作：他们的重复动作很多，例如会一遍又一遍地按照同样的顺序和方向摆放小汽车。

（4）生活自理能力：生活自理能力和同年龄的普通儿童相比有较大差距。喝水、吃饭、穿脱衣服、做操这些幼儿园小朋友做得很好的事情，孤独症谱系障碍儿童可能花费三年都学不会或者即使学会了但很不熟练。

（5）社会适应能力：社会适应能力很弱，对环境的变化很敏感。社会性交往很少，很难主动与他人交往，别人和他打招呼，他也不理睬人，用幼儿园小朋友的话说就是"他看东看西，就是不看我"。

孤独症谱系障碍儿童最明显的表现就是总是喜欢一个人自得其乐地待在自己的世界里，外面的人进不去，他们好像也不想出来。因为孤独症谱系障碍儿童有着正常甚至吸引人的外表，所以他们早期很不容易被家长发现，入园时也不太容易被老师发现。如果入园时幼儿园没有发现异常，出于各种原因，孤独症谱系障碍儿童家长则是选择沉默，期待孩子会好起来或者默默等待。

唐氏综合征儿童是最常见的染色体异常导致的先天发育不足。这种儿童最明显的特点有两点：面部特征明显并伴随智力落后。唐氏综合征儿童的面貌相似：小脸形状圆满，两只眼睛间距很大，也就是两眼旁开，鼻梁塌陷，嘴巴小舌头大，舌头经常露在嘴巴外面，流口水，耳朵畸形。唐氏综合征儿童对人充满感情，性格较开朗。因为有着明显的面部特征，唐氏综合征儿童在人群中能够一下子被识别出，所以这类儿童入园的时候一般瞒不了"阅孩无数"的幼儿园老师，不太可能"蒙混过关"。在这种情况下，家长一般都会主动告知园方孩子的真实情况，配合教师进行教育。

听力障碍，又称听力残疾、听力损失或听觉障碍，是指由于各种原因导致双耳不同程度的永久性听力障碍，听不到或听不清周围环境的声音，以致影响日常生活和社会参与。根据听力损失程度的不同，听力障碍可分为聋和重听。医学上将听力损失程度轻的称为"重听"，听力损失程度重的称为"聋"。听力障碍儿童与普通儿童身心发展各方面较相似，差距最小。最大的区别就是由于他们的听力障碍，影响了他们对声音的感知，会影响他们语言发展的深度和广度。因为和普通儿童差别不明显，接受过听力语言训练的听力障碍儿童在普通幼儿园比较容易被教师和同伴接纳，学前融合教育效果也较好。

特殊需要儿童由于障碍类型和障碍程度所带来的障碍特点是影响幼儿教师融合教育体验的首要因素。已有研究指出，特殊教育需要幼儿一般不同程度地存在情绪问题或攻击性行为，常常会破坏教学秩序或对其他幼儿造成伤害，使教师要承受较大的心理压力。[1] 正如一位幼儿教师在调查问卷中写道：作为普通幼儿园的老师，遇到这类孩子，一开始是比较急躁、焦虑的，首先就是担心他影响整个课堂教学；其次是担心他的行为会对其他幼儿造成影响，比如产生肢体接触，抓伤等等。

如果特殊需要儿童的障碍特点并不影响教学，也不影响其他普通孩子，并不会给教师带来过多的压力，幼儿教师的融合教育体验就会比较轻松、愉悦。例如，在问卷调查中，有个带脑瘫儿的幼儿教师就提到"脑瘫儿除了行动不便和动手能力外，其他影响不大"；也有带听力障碍儿童的幼儿教师表示"这个孩子基本都能跟得上"，

---

[1] 叶小红．江苏省学前融合教育的现状及应对建议[J]．早期教育（教科研），2015(12)．

第四章 幼儿教师融合教育体验的影响因素分析

所以教师们表示"感觉还好",表示支持学前融合教育,"如果再遇到这种特殊儿童,还是会接纳他们"。还有的教师在问卷调查中非常具体地写道,如果再遇到这类孩子,她会"努力的先提高听障孩子的自信,让他们更开朗一些,让他们的语言发展水平更好一些。缩小他们和健听孩子的差距。同时多举行一些和健听孩子的融合活动。我也会鼓励家长让听障孩子和健听孩子多玩多接触,从他们自己身边的亲朋好友开始"。

如果特殊需要儿童的障碍特点既影响了教学,又影响了其他孩子在幼儿园的生活,幼儿教师的融合教育体验就会比较复杂。我们重点访谈的六位教师中有三位教师所带的特殊需要儿童是经过医院诊断的孤独症谱系障碍儿童,她们在访谈中都无一例外地提到刚开始孩子的行为表现让她们感觉"很崩溃"。有的"上课的时候突然站起来跑来跑去";也有的"上课的时候突然没有任何理由地大哭,怎么都哄不好""午睡的时候大吵大闹""到处跑,讲话,甚至影响全体幼儿正常午睡","我们整个班的孩子纪律不好,卫生也不好",等等,这些行为严重影响了幼儿园正常的教学秩序。还有的孩子的行为不仅影响教师的教学,还会给其他孩子带来负面影响。例如"整天搞破坏""与同伴无法交流,要么抢要么打"。在调查问卷中,幼儿教师会直接写出她们的顾虑和烦恼。比如,"作为教师,怎么对待这种类型的障碍儿童,才能保证班级正常的教学秩序",并表示"我也有爱心",但同时也提出:学前融合教育过程中出现的问题,怎么解决?幼儿教师的融合教育体验直接影响了她们对融合教育的态度。有的教师在调查问卷中明确表示"我不愿意接受这样的孩子在我们班级里"。

但是同样是带孤独症谱系障碍儿童,也有幼儿教师表示"我带的那两个小孩都是孤独症,蛮好的,挺好带的"。经过沟通,研究者发现确实这位教师所带的两位孤独症谱系障碍儿童没有太多的问题行为,属于老师不讨厌,普通孩子也不反感的一类特殊儿童。通过进一步的了解，并结合调查问卷，研究者发现，影响幼儿教师融合教育体验的重要因素除了来自特殊需要儿童本身，还来自特殊需要儿童家长和幼儿园的园长。

二、特殊需要儿童家长的态度是影响幼儿教师融合教育体验的关键因素

结合集体访谈、调查问卷以及六位教师的深度访谈记录，研究者发现，特殊儿童的家长是否承认孩子的特殊情况，是否配合幼儿教师的融合教育工作是影响幼儿教师融合教育体验非常关键的因素。那些家长不配合、不支持教师工作的，教师们纷纷表示：

"心情不好！""不愿意带！"

"重视得家长配合，但是很多人都不愿意承认孩子的情况。"

"关键这样的孩子家长还不接受有问题。"

"父母不重视，多次沟通无果，不认为自己的孩子有问题。"

"他们（特殊需要儿童家长）只会承认孩子没人家的听话，注意力不好，但绝对不会承认自己的孩子有智力或行为上的问题。"

在研究者某所幼儿园进行观察的过程中，有一位所带班级中有两位疑似特殊需要儿童的教师，专门就"家长不配合问题"和研究者聊了半个多小时。整整半个多小时，这位教师从两位孩子（双胞胎女孩）入园开始谈家长的抵触，"我每次跟奶奶讲孩子的情况，她都跟我翻脸"，家长一直不愿意直面孩子身上存在的问题，直到后来教师谈到孩子以后上小学后怎么办？这才引起家长的重视。

这位教师在倾诉的过程中，一直在谈两个问题：一是家长的不配合；二是这两个疑似特殊需要儿童的问题行为。这两个双胞胎女孩一直没有去医院做正规的检查，也许她们是正常的儿童。但她们确实存在很多的问题行为，与特殊需要儿童比较相似，需要教师给予特殊的帮助和支持。教师纠结于家长的不配合，家长坚持自己的孩子没有问题。

第四章
幼儿教师融合教育体验的影响因素分析

每个人走过我们班都说：你们班的宝怎么能哭一个上午啊？！她能哭一个上午，她想要什么，用什么东西来满足她就行了。然后你去揣摩她：是不是这样子的？是不是这样子的？慢慢猜，慢慢猜中她的心事之后，慢慢她就安静下来了。

通过分析教师的访谈，研究者发现真正影响幼儿教师融合教育体验的并不在于家长愿不愿意带孩子去检查，孩子是否是真正意义上的特殊需要儿童，而是面对需要特殊教育支持的儿童，教师需要得到来自家长的配合和支持，家长是否愿意配合教师的态度对幼儿教师的融合体验影响较大。孩子是否真正的特殊儿童并不是最重要的一件事情，而是当家长愿意带孩子去检查诊断的时候，就是家长愿意直面孩子的问题的时刻。也就意味着，特殊教育需要儿童带给教师的压力，他们的家长愿意与幼儿教师一起面对和承担。

例如上文提到的带两个孤独症谱系障碍儿童的教师，在调查问卷中明确表扬家长："该孤独症幼儿家长很配合老师的工作，对待园内的老师及小朋友都客气有礼貌。"深度访谈中的六位教师也有的家长从刚开始入园就非常配合教师，教师感觉自己的工作很重要，很认真地思考怎样帮助孩子融合得更好。"奶奶把他在外面（培训机构）上课的东西都会拿回来给我看。有些不能拿回来的，奶奶会拍张照片给我看。我就跟着学。"教师评价家长"她们一直很配合的，有种感恩的心态"。

一位教师在调查问卷中感慨万千，表达自己对于家长的期待："其实，这三年感受最深的是：家庭教育、家长的配合真的很重要！尤其对于一个具有某种轻度障碍的幼儿来说，如果家长能够积极配合教师、肯多付出一些时间与精力，重视对孩子的矫正与引导，孩子各方面的能力是能够趋近于正常孩子的。"

当家长转变对待幼儿教师的态度，愿意直面孩子存在的问题，意识到自己的孩子与其他普通孩子的差距的时候，他们也会自觉地调整自己对孩子不合理的预期和希望。从孩子的现实条件出发，重新调整与教师之间的关系。一位教师在调查问卷中写道：

"家长意识到孩子的问题，也会降低对正常教师的要求（不合理要求），这也会减轻教师的心理压力。"

"教育的关系是一个成人和孩子间的意向性的关系，在这种关系中，成人的奉献和意向是让孩子茁壮成长，走向成熟。它是指向孩子个人的发展的。"[①]家长调整了对孩子的期望后，幼儿教师也会随之调整自己对于特殊需要儿童在园的期望，不再按照普通儿童的发展水平和标准要求他们。真正按照《3～6岁儿童学习与发展指南》中提出的要求：①关注幼儿学习与发展的整体性。②尊重幼儿发展的个体差异。③理解幼儿的学习方式和特点。④尊重幼儿的学习品质。允许特殊需要儿童在走向成熟的过程中，可以不必追随其他普通儿童的发展节奏和规律，保持自己的特点，每天进步一点点。

但在本研究的案例中，也有家长面对孩子特殊的情况，把自己感受到的对于孩子成长的焦虑又以另一种形式表现出来。该家长是一个很负责的妈妈。孩子确诊为疑似孤独症谱系障碍儿童后，她参加了很多针对孤独症谱系障碍儿童的培训，自学了很多专业知识。但由于不了解我们幼儿园教师的实际工作情况，她根据培训课上所学的理论，对幼儿教师提出了更高的要求："你（教师）告诉我们，我们每天回家该干什么？"。这让本来刚刚感觉放松一点、心理压力小一点的幼儿教师又重新开始进入了紧张、焦虑的状态。

三、园长的态度和行为是影响幼儿教师融合教育体验的重要因素

本研究中的园长是一个比较特别的群体。她们虽然并不直接带班，但她们的态度和行为直接影响着特殊需要儿童能否继续留在幼

---

① ［加］马克斯·范梅南著. 教学机智——教育智慧的意蕴［M］. 李树英 译. 北京：教育科学出版社，2013：101.

第四章 幼儿教师融合教育体验的影响因素分析

儿园、幼儿教师的融合教育体验,并间接影响着这些特殊需要儿童在幼儿园的融合教育效果。

问卷调查中,一位明确反对融合教育的教师曾抱怨园长:"园长认为谁带到这样的孩子,就自行处理,并不协助老师鼓励家长(带孩子)去(医院)检查。"

从抱怨中可以看出,园长在两个方面影响了幼儿教师融合教育体验,一是当幼儿教师向园长反映情况时,园长对这件事情的态度:园长是否很关心教师?对这些孩子怎么看待?教师既需要从园长身上获得对自己的关心和肯定,也需要从园长那里获得理念上的指引。但这位园长对此教师既缺乏人文关怀,也无法给予理念上的引领。幼儿教师感觉既伤心又失望。二是得知班级有特殊需要儿童后,园长的行为:是否帮助教师处理和家长之间的矛盾冲突?有没有具体的专业上的支持?这位园长没有任何作为,只是让教师"自行处理"。教师有深深的被抛弃感、无助感。这种感觉在深度访谈的Z老师身上也出现过:

"我跟领导讲了,领导说,这种孩子你就多付出一点吧!她只能在言语上面支持一下吧。"

"领导支持啊,但领导忙啊!"

"感觉懵懂、迷茫,还有就是感觉孤单,因为需要我一个人带。"

Z老师所在的幼儿园后来又换了新领导。新园长来了后,Z老师就又去找新园长。

"领导当时就讲,我们找机会跟她(家长)讲清楚。劝她说孩子不适合在这种集体的情况下学习,班里那么多孩子,从孩子的角度发展来讲,也不是很好,是吧?还是到更适合他的环境里面去。领导也没有提供任何帮助,就说想办法,找时间会找他家长谈一谈让孩子去更适合他的地方,但是家长不同意。

哦,就是领导找她谈?(研究者追问)

领导没有找她谈,还没有找她谈呢。意思是先叫我跟她谈。就是稍微透漏一点意思给他们。我刚提一点，然后她当时反应就很大，就找我们的（上级）领导哭，找（上级）领导闹，然后来找我，堵在教室门口又哭又闹，（有点激动，停顿了一会）那段时间真是不知道怎么过来的。"

与上述两位园长形成鲜明对比的是Y老师遇到的园长。Y老师所在的幼儿园领导比较稳定，在学前融合教育期间，一直是没有换过。而这位年轻的80后园长是一位非常具有领导智慧的实干家。从特殊需要儿童QQ入园，幼儿园就给他配备专门教师Y老师，不仅专门成立了特殊需要儿童教育的课题研究小组，调动全园的力量来共同进行融合教育，而且还创造机会支持Y老师外出学习培训。

"我们领导大会小会都会讲，坚持宣传融合教育。"

"送我出去学习，大家都是看见的啊！"

研究者访谈中问Y老师：你觉得这带QQ的过程中，哪些方面给你的帮助比较大？Y老师立即明确回答：

"领导行政方面的支持是最大的。因为我需要找专家的时候，她会给我打电话请专家来；同事之间也是慢慢理解，在工作的氛围上面，就像你说的那个资源教室硬件软件啊，心理建设我觉得就好了。家长也开始认可了。我觉得搞融合跟爱的教育很有挂钩，你始终处在充满了温馨的氛围。"

感觉温馨的不仅有Y老师，还有一位J老师。在融合教育期间，J老师所在的幼儿园经历了三位园长。但幸运的是，J老师所遇到的三位园长对学前融合教育都给予了最大的支持和帮助。第一位L园长确定了"全纳"的理念，并且还想办法帮助她让家长正视孩子的问题，带孩子去医院检查并确诊。第二位Z园长把J老师推荐到了融合教育课题组。

"她说我也不知道，我也没有接触这样的孩子，要不这样子吧！我知道有这样的一个融合教育项目。听你讲的这样的孩子，我也知道现在有这样的一个组。要不我推荐你去？

第四章 幼儿教师融合教育体验的影响因素分析

我说,那行啊!就是这样把我推荐到咱们这个组去的。"

而随后的 C 园长曾经带过这种孤独症谱系障碍孩子,所以 J 老师说:

"C 园长因为她有这样的亲身经历,所以她除了支持以外,她更理解我。她也经常劝我说带这样的孩子确实很辛苦!但是她告诉我,一定往好的方向想。YY 已经比我带的那个孩子好很多啦……我以前遇到的那个孩子,比起 YY 来怎么怎么样,人家成绩考全班前几名。我说,如果能真这样,那太好了!"

园长的支持,特别是园长的理解以及进一步的鼓励给了 J 老师极大的安慰。她很快转变观念,调整自己适应学前融合教育的要求,并且用自己的实际行动影响带动了本班配班老师甚至保育员积极参与到对特殊需要儿童的教育中来。用 J 老师自己话说是"我觉得我们班老师和孩子,我们接受能力都挺快的,很快也就适应了"。但 J 老师也像 Y 老师一样,在访谈中非常明确地肯定了三位园长给予的支持。"我觉得对我帮助比较大的,还是领导的理解、支持!说实话,把我领进门的是 Z 园长,但给了我融合教育信念的是 L 园长。她给我一个信念上的支撑!C 园长最理解我!"

综上所述,影响幼儿教师融合教育体验的三大因素主要包括特殊需要儿童的障碍类型和障碍程度、特殊需要儿童家长的态度、幼儿园园长的态度和行为。这三个因素与普通儿童家长态度和行为、配班教师的态度和行为,以及专业合作体的支持配合共同作用于幼儿教师的学前融合教育过程,与幼儿教师自身所具有的个人因素相互作用,与社会制度和文化观念所造就的社会大环境共同影响着幼儿教师的融合教育体验。

第二节 幼儿教师的个人因素

个人因素包含的内容很多,既可以包括幼儿教师的个性特点,也可以包括幼儿教师的职业人格。结合集体访谈、调查问卷以及深度访谈的材料进行分析,研究者发现,融合教育效果较好的幼儿园班级,融合教育体验较积极的幼儿教师都在融合教育过程中表现出坚定的专业理念与高尚的师德,同时她们也共同表现出善于主动学习、勤于反思、执着坚守的个性特点。

一、坚定的专业理念与高尚的师德

2012年,我国教育部颁布的《幼儿园教师专业标准(试行)》提出"师德为先,幼儿为本,能力为重,终身学习"的基本理念,从专业理念与师德、专业知识和专业能力三个维度对幼儿教师提出了具体要求。专业理念与师德是幼儿园教师专业素养的核心组成部分,主要包含对职业的理解与认识、对幼儿的态度与行为、幼儿保育和教育的态度与行为及个人修养与行为四个领域。其中,"职业理解与认识"领域是从幼儿园教师对学前教育事业和幼儿园教师职业的认识等宏观层面,对一个合格幼儿园教师所应该具备的专业理念和师德进行了规定。[①] 具体来说,包括爱国守法、爱岗敬业、专业认同、为人师表和团队合作五个方面。

幼儿教师在访谈中表现出非常强烈的专业认同感。她们最常见的一句话是"我是当老师的"。因为知道自己是当老师的,所以虽然遇到麻烦的时候会叫"哎呀!不管了",但只要孩子在,她们还是会管孩子。"只要孩子在自己的班上,我就要管他。"即使在本章第一节提到的那位跟我倾诉了半个多小时家长不配合、孩子问题多的教师,也在倾诉中不断表示"我能怎么办?我又不能管她啊!我还是要管她的"。调查问卷中幼儿教师在回答支持学前融合教育的原因的时候,30%的教师提到"因为每一个孩子都享有接受平等教育的权利,作为教师我们有义务和责任接受这样的孩子"。

[①] 教育部教师工作司组织编写. 幼儿园教师专业标准(试行)解读[M]. 北京:北京师范大学出版社. 2013:61.

第四章
幼儿教师融合教育体验的影响因素分析

教育过程中，教师坚定的专业理念和高尚的师德不仅体现在幼儿教师的话语中，更主要体现在她们与特殊需要儿童父母的关系中，体现在她们与特殊需要儿童的关系中。诺丁斯认为关怀是处于关系中的一种生命状态，是一种人与人之间的积极生活关系发生点，具有接纳、"融人于己"的双向建构的关系特点。① 学前融合教育过程中，幼儿教师对家长和特殊需要儿童的关怀体现在每个细节里。

例如调查问卷中已经做母亲的教师写道："每一个孩子来到我们班就是我们的孩子，不管他们什么样，我们都会像妈妈一样爱护他们！"具有丰富经验的教师还能够从家长的角度出发谈自己支持学前融合教育的初衷，"与其说是一名教育者的爱德，不如说是为人母的本能。因为毕业后分别在特殊学校、正常幼儿园都待过，孩子的对比、家长态度和心态的对比，非常强烈。我能够深切感受到，孩子健康与否，对于一个家庭的影响，对于父母家人身心的考验。"

访谈中，5位老师都提到特殊需要儿童的情绪容易失控。教师提到"他会发脾气，跑啊"，遇到这种情况，教师会怎么办呢？

一般我都是把他抱回来。我发现那个时候抱过了以后，他还蛮有安全感的。抱住他，然后他喜欢往我身上爬。那个时候实在爬得受不了了，我说"YY，你不能这样子。要上课了"。跟他讲。他也知道，但他有时候也不愿意。他趴在你身上就安安静静的。你把他弄好了，说："你说这样怎样上课啊？不能这样抱着你上课啊？"我说你坐在我旁边吧。他有的时候愿意坐在我旁边，有时候也坐不住。他就咚咚地跑掉了。

本研究深度访谈的研究对象有一位是具有30多年教育工作经验的特殊教育学校的L教师，在谈到幼儿教师的时候主动和我讨论："我觉得应该是没有特教经验的老师，会觉得困难多一点。不过一个认真负责的老师，会想尽办法去帮助他们。这个跟一个老师的职业

---

① [美]诺丁斯著. 始于家庭：关怀与社会政策[M]. 侯晶晶译. 北京：教育科学出版社，2006：25.

操守是有关系的。你觉得呢?"

只有心里有孩子、心里有家长的幼儿教师才能始终明白"我是教师",才能在教育中时刻体现出对教育对象的关怀。建立在关怀的基础上的教育才会有爱和关心,才是有温度的教育。

二、主动学习

任何教育的目的都是培养人。然而教师并不是天生的教育者,即使经过专业培训,教师也需要在实践中不断学习,才有可能具备相应的专业能力,实现专业发展。

为了能够了解特殊需要儿童,应对特殊需要儿童所带来的教学上的变化,除了干好自己的本职工作以外,参与深度访谈的六位教师都利用自己的休息时间参加了各种特殊教育培训。比如参加市级教育部门组织的随班就读培训、积极参加融合教育项目组活动等。此外,六位教师都对自己班级的特殊需要儿童做了详尽的观察记录。访谈中有三位教师都申请了与特殊需要儿童相关的研究课题。也有的教师利用周末的时间去图书馆查找与特殊教育相关的书籍,她们利用一切可以学习的机会,不断地给自己"充电"。

Z老师:我自己到网上查资料,对照着网上的一条一条地对。我还特地跑到市图书馆去查孤独症的书,请教这方面的专家。

Y老师:当时不懂我就去学。我会有意识地配合外面(培训机构)的训练。

P老师:我专门去问的儿童医院的医生。

L老师是从特殊学校到普通幼儿园进行融合教育实践工作的。她说"到了幼儿园后,我发现幼儿园的教学方式真多啊"。在她发表的一篇文章中也详细描述了她当时的感受:普通幼儿园丰富的活动内容、新颖的教学方式,吸引着长期在聋校从事单一语训工作的我,我像饥渴的小苗久旱逢甘霖一般拼命地吮吸着,不断提高自身的教学技能。访谈中,她对这段学习的经历记忆犹新,"我发现,那个时

第四章 幼儿教师融合教育体验的影响因素分析

候,我真觉得,我自己有特别想写东西的冲动。所以,我本子里写的东西,都是前些年,刚刚到幼儿园的时候,每天的感触特别多。学习起来辛苦归辛苦,但是收获还是挺多的。"

主动学习给特殊需要儿童带来了成长,也给教师带来了幸福和成长。

就像 L 老师所说:"孩子在丰富的活动中,开阔了视野,丰富了生活体验,积累了生活经验。虽然工作很辛苦,可当我看到孩子的成长,心里特别高兴!"

J 老师说:"以前我总觉得,孤独症离我很远。我不需要去了解。但我现在不这么想了。(现在)我最真实的想法就是:全幼儿园,你们都没有带过吧?!就我们班有这样的孩子,我比你们接收的东西要多。经常有同事会说你又参加什么学习去啦?我说我又去了解那种小朋友去了!"(骄傲的口气)

三、勤于反思

反思的品质和能力在教师专业发展中具有重要作用,体现了教师对自己专业发展的自主追求。教师反思的过程也是重新认识自己和教育对象、整理自己思路的过程。经过反思,教师把自己的教育实践作为研究对象,一边行动,一边思考,进而根据反思不断调整自己的教育行为,改进自己的教育实践,提高教育质量,实现自己的专业成长。

反思有两个不同的层面,一是指向教师专业行为与活动的反思;另一种指向教师的专业成长过程。① 通过分析访谈资料和调查问卷,研究者发现融合教育中幼儿教师的反思主要指向第一层次:教师的专业行为与活动,而缺少指向教师的专业成长过程的反思。幼儿教师虽然在教育教学的压力下主动学习特殊教育相关的理论和知识,

---

① 叶澜. 教师角色与教师发展新探[M]. 北京:教育科学出版社,2013:316 - 317.

但她们缺少对自己的专业结构进行反思,也并没有走向"融合教育教师"的专业发展方向的规划。例如:

后来我也发现了,你要顺着他。有时候他揪那根绳(这里指的是孩子的思维,比较固执地坚持自己的想法)的时候,你就跟他说呗。他拧的时候,你跟他打打岔,用另外一个东西把他转回来的时候,他也就转过来了。

但是那个时候我就知道,跟他发火没用的。然后,就只有讲"你怎么能这样呢?!你怎么……"后来想,跟他讲也是白讲,还不如低头把活干掉,把事情做好,就收起来了。

学前融合教育中幼儿教师的反思内容主要包括两个方面:针对特殊需要儿童的日常教育活动反思和与特殊需要儿童家长交往互动的行为反思。因为这两个方面的内容给幼儿教师带来比较大的压力,迫使她们不得不反思,调整自己已有的教育策略和行为。教师反思的内容也从另一个角度印证了特殊需要儿童及其家长是影响幼儿教师融合教育体验的两个主要因素。例如:

(1)针对特殊需要儿童日常教学活动的反思:我特意查了这样一些孩子的行为表现,了解了以后,他再犯错误的时候我就想他是一个生病的孩子。他是这样一个特殊的孩子,我需要对他更宽容一些,更有耐心一些,也不要去怪罪他,他也不是故意跟你捣乱或怎么样。

(2)与特殊需要儿童家长交往互动的反思:园长也没有直接跟他(家长)讲,她就是希望我去跟他讲。我觉得怎么去跟她(家长)讲呢?人跟人处在一起还是有感情的,对不对?后来他婆婆也不错,她知道孩子情绪不好时,就让孩子先不来。她的态度我能知道。我就想,算了,别给他家添麻烦了。我再不接收他的话,回家还不知道(孩子爸爸妈妈)怎么吵怎么闹的呢?!就想算了、算了吧!能接收就接收着吧,所以就没有跟他说劝退的话。

教师在反思中总结特殊需要儿童的特点,寻找合适的教育方法,既尊重孩子,又能够达到教育的效果。同时,善于反思的幼儿教师

第四章 幼儿教师融合教育体验的影响因素分析

在处理与特殊需要儿童家长的互动关系的时候，她们更容易"共情"，也比较善于采取容易被家长接受的方法进行沟通。

Z老师：我看跟她直接说不行啊。她不接受啊。我就以一个妈妈的角度来跟他谈，我说你看我也是个妈妈，我非常了解你的感受。家里有这么个孩子……她就立刻说："老师你怎么知道的？"她就比较容易接受你说的话了。

四、执着坚守

任何一件事情的成功都离不开执着的坚守。学前融合教育的成功离不开幼儿教师高度的责任感、日常教学过程中的学习和反思，更离不开幼儿教师执着的坚守。在学前教育中，只有坚持，才能看到希望，才能看到光明。参与访谈的6位教师都是带着自己班级的特殊需要儿童一直完成了整个学前教育阶段的学习。少则3年，多则4年（有的孩子是托班就进幼儿园的）。最后一个L老师是坚定地从事学前融合教育工作15年。正是这份"慢慢地等待"，使得她们经历了"开始排斥、抱怨，中间尝试接纳，然后同情，然后是接纳、包容，最后是共同进步"。这个过程并不是一蹴而就的，"全纳需要一个过程，不是像有个按钮在老师身体里，领导说开始就立即能够开始的，要慢慢地真正去全纳它"。这个过程需要时间，更需要执着。有的教师即使面对同事的不理解、不配合，家长的不支持，也还是在默默坚持。

L教师：第一年是最困难的。家长也不配合。孩子到了幼儿园以后，感觉天天都在玩，语训的时间少了很多，然后就觉得孩子回去以后，爸爸妈妈根据我布置的学习任务，每天还要回家跟他们再练练。结果到了幼儿园以后，孩子就想玩，一天到晚就想玩，家长就觉得这样不好。第二年，他们就说这个环境不适合我们孩子，就离开幼儿园到残联的康复中心去了。他们都不来了，我就紧张得不得了。担心我是不是做错了啊？

我本来在聋校是教五六个孩子，最多七八个孩子，后来在幼儿园一下子是 36 个孩子。我吓坏了，我说我怎么带这么多孩子啊？！

中间有两次，我也打过退堂鼓的。一次是自己身体不好了，还有一次就是觉得委屈，会有反复。

我很庆幸，我坚持了下来。从 2003 年至今已有 14 年，这么多年确实很忙，也很辛苦。这么多年的辛苦，恐怕没几个人能忍受。先后和我共同承担这份工作的有 7 位老师，坚持到最后只有我一个。

L 老师是从特殊学校去幼儿园带特殊儿童进行融合教育，同样也面临刚开始家长不支持、同事不配合的情况。中间也曾经有过退缩，有过放弃的想法。但她最后坚持了下来。普通的幼儿教师还会遇到特殊需要儿童的教育压力，在这种情况下，职前培养阶段的特殊教育相关学习就能够产生积极的推动作用，帮助幼儿教师克服困难，坚持融合。在问卷调查中，有一位教师这样写道：

心里感觉很无奈，想着这孩子分到这个班，我需要付出多大的艰辛和努力。但是，我始终相信，不忘初心，方得始终。凭借自己在南京特殊教育师范学院学习 3 年特殊教育和特殊儿童心理学的经历，对特殊儿童还是有一定的理论上的了解。所以，凭借这股劲儿，把孩子从小班带到了大班毕业，也积累了一定的特殊儿童教育经验。

纵观六位教师的整个融合教育过程，强烈的专业认同感、主动学习、善于反思、执着坚守是她们身上表现出来的共同特点。除此之外，她们还各人有各人的性格特点，比如 J 老师很亲和，X 老师特别包容，Z 老师很善于沟通，Y 老师很有大局观，P 老师思考问题比较深刻，L 老师给人的感觉特别温暖。无论是她们身上表现出来的共同的品质，还是个人独特的个性特点，都是她们不可分割的一部分，不可能单独存在。也许因为 P 老师更善于反思，所以她思考问题比较深刻，能够脱离具体的教育事件看到背后所隐藏的教育观念。也许就是因为她们具有专业认同感，所以她们才会主动学习，而正因为她们主动学习，所以她们才能善于反思。这些因素共同作用，推动着她们在工作中不断挑战困难，促进自己的成长。

第三节 社会制度与文化观念

任何社会的教育从来不仅仅反映教育本身的问题，而且还是整个社会制度和文化的"体现者"。幼儿园是社会各个领域的汇合之地，是幼儿保育与教育、家庭与学校、父母与教师的聚合之地。学前融合教育的实施不仅反映着"身在此山中"的教师和儿童本身，还同时反映着整个社会的制度和文化观念。社会制度和文化观点对个体的影响是以比较隐蔽的方式进行的，研究者希望能透过现象看本质，看到幼儿教师融合教育体验背后所隐藏的社会制度和文化的东西，对学前融合教育的发展有所启示。

一、服从惯习下的幼儿教师与权威的幼儿园园长

李晓燕等在其研究中明确指出，幼儿教师是愿意投身融合教育事业的，同时也比较依赖权威。用幼儿教师自己的话来说就是，如果上级行政部门不重视幼儿园的融合教育工作，"自己搞也是白搞"，希望"上面能带着大家干"。① 访谈中幼儿教师也多次提到希望"有人能带着自己干""教育主管部门能有个说法"。

教师比较依赖权威，一方面是来自于工作中长期形成的"一切看领导"的生存智慧，另一方面也是出于被尊重、被认可的需要。叶小红研究发现，教师在融合教育中承担的额外工作量却没有在工资报酬或各种考核评比中得到承认，这在一定程度上挫伤了教师的工作

---

① 李晓燕，张玉敏. 学前融合教育教师发展状况的个案研究[J]. 幼儿教育（教育科学），2015(5).

积极性。① 这一研究结果也从另一个方面表明我们需要建立对从事特殊需要儿童教育工作教师的保障制度，肯定他们的辛苦工作，保障他们的社会地位和经济权益。

本研究的幼儿园园长非常支持学前融合教育，在幼儿教师遇到教育教学困难的时候能够及时给予力所能及的各种支持，甚至在幼儿教师本身并不情愿接纳特殊需要儿童的初期能够当机立断，决定"全纳"。幼儿教师虽心有怨言，但也不得不从。但在前期的集体访谈和问卷调查中，有的幼儿教师明确表示"领导也不管，我也管不了"。所以学前融合教育是否能够在实践中生根发芽，基本是"靠园长"。也就是说，在幼儿园这个"场域"中，园长具有绝对的权威和影响力。

园长在学前融合教育中的重要作用一方面体现了领导的重要性。一个优秀的园长，除了要有过硬的专业知识和能力，还要视野开阔，具有人文关怀精神。高素质的园长能够在理念上引领教师，专业上指导教师，极大地激发幼儿教师的能力和积极性，带动整个幼儿园的教师一起成长，同时促进本园所有儿童的发展。另一方面，园长的重要作用也体现了中国社会的"官本位"思想对于幼儿教师的重要影响。在幼儿教师身上表现出来就是一切以园长的态度和意见为准。用幼儿教师的话来说就是"无论遇到什么问题，我都去找园长。园长做决定我来执行"。

"学校不只是教育工具，更是文化生产和洞察的领地。"社会化或者"道德教育"将外在的社会及其通行的规则内化为个体存在的本质。这个过程将外在于个体的强制力内化到个体心智结构之中，个体也

---

① 叶小红. 江苏省学前融合教育的现状及应对建议[J]. 早期教育（教科研），2015(12).

第四章
幼儿教师融合教育体验的影响因素分析

将开始指导自己与社会的需求相一致。① 幼儿教师无论是找园长，还是希望"上面带着干"，都表现出一种已经内化为个体存在本质的服从。在幼儿教师的社会化中自然而然将这种社会通行的规则内外为个体生存的本质。

本研究进行之前，研究者并没有充分意识到幼儿园园长在学前融合教育中的重要作用。但在收集和分析资料的过程中，研究者越来越深切感受到在我们的社会中，幼儿园园长对学前融合教育极其重要的影响力。如上文所述，园长的态度和行为不仅是影响幼儿教师融合教育体验的重要因素，同时也是直接决定着学前融合教育效果的关键"他人"。

从文化人类学的角度看，幼儿教育是文化延续和发展的过程，学前融合教育也不例外。在中国文化这个大熔炉里，任何外来的东西都会被改变和异化，都被深深地打上中国文化的烙印。学前融合教育是从国外学习和借鉴而来的一种理念和实践，在中国的幼儿园这个环境中，它同样被打上深深的中国文化烙印。无论是服从的幼儿教师，还是权威的幼儿园园长，我们都可从中看到广泛存在着中国文化的观念，即顺从于权威的力量，习惯于自上而下的命令或者指导。也就是在我们的社会结构里最基本的概念——"伦"仍然是我们社会结构的基本架构。"其实在我们传统的社会结构里最基本的概念，这个人和人往来所构成的网络中的纲纪，就是一个差序，也就是伦。"② 在幼儿园中，"伦"表现为"尊尊也"。即使面临多种压力，内心不太愿意，但当领导做出决定后，教师就会遵从领导。也就是在我们中国这种差序格局的社会中，"可以着手的，具体的只有己，

---

① 乔尔・M・卡伦（Joel M.Charon），李・加思・维吉伦特（Lee Garth Vigilant）著．张惠强译．社会学的意蕴（第八版）[M]．北京：中国人民大学出版社，2011：148．

② 费孝通．乡土中国[M]．北京：人民出版社，2008：30．

克己就成了社会生活中最重要的德行。"[1]

二、多重压力下的特殊需要儿童家庭与需要专业引领的幼儿教师

本研究中，除了唐氏综合征儿童由于具有非常明显的外貌特征，能够出生后就得到诊断，孤独症谱系障碍儿童和听力障碍儿童都需要家长在生活中对儿童的行为表现比较敏感。父母和孩子生活了两到三年，都没有发现孩子可能存在障碍情有可原，但为什么来自"阅孩无数"的幼儿教师的怀疑也不被家长重视和接纳呢？为什么家长不愿意面对现实？即使带孩子去做过检查他们也还不愿意承认孩子的特殊呢？家长的这些行为会让幼儿教师气愤不已，不能理解，甚至指责他们"失职""没有责任感"。

经过访谈部分家长，研究者发现主要有以下原因影响了家长的态度和行为：

（1）社会的偏见导致思想压力过重，害怕周围邻居、亲戚、朋友的嘲笑，不敢面对。"我们俩都是大学毕业生，生的孩子有问题，说出去不是让人家笑话吗？"社会的传统观念对特殊儿童以及他们的家庭有偏见，家里有这样一个孩子，在外人看来是你的道德品行有问题，或者作了什么孽。

（2）不了解正常儿童的心理与行为特点。对儿童的认识不清，认为自己的孩子就是慢点，属于"贵人语迟"；或者就是调皮一点，长大后就好了。"我小时候就这样，长大后还不是好好的。"

（3）推卸责任。认为教师就是因为懒得管孩子，不负责任。"孩子比较调皮，老师不爱管啊。"

（4）没有相应的经济实力给孩子做康复训练。孩子一旦诊断是特殊需要儿童，那就意味着家长要带孩子去做各种康复训练，而康复

---

[1] 费孝通.乡土中国[M].北京：人民出版社，2008：34.

第四章
幼儿教师融合教育体验的影响因素分析

训练的费用较高,一般家庭负担起来经济压力比较大。背负了沉重压力的家长宁愿逃避一天是一天,所以在行为上表现出消极逃避的特点。

与消极的特殊需要儿童家长相对应的发现来自对幼儿教师"反思"的研究。通过分析访谈资料和调查问卷,研究者发现融合教育中幼儿教师的反思主要指向教师的教育行为与活动,而缺少指向教师的专业成长过程的反思。幼儿教师虽然在教育教学的压力下主动学习特殊教育相关的理论和知识,但她们缺少对自己的专业结构进行反思,并没有走向"融合教育教师"的专业发展方向的规划。学前融合教育中幼儿教师的反思,与其说是"反思",不如说是"应付"。应付自己的职业生涯中各种从来没有遇到的问题,但不是从个人专业发展和学科发展的角度高屋建瓴地思考学前融合教育问题。幼儿教师"反思"的这一特点一方面可能是由于幼儿教师的工作特点比较具体、烦琐而影响了她们思维特点——就事论事地解决当前问题,但同时也反映了隐藏在学前融合教育中的社会问题:幼儿教育工作者没有有意识地把特殊需要儿童的教育需求纳入自己的专业发展规划中。教师们在访谈中普遍表示"到孩子毕业就好了",她们没有想到:以后这种孩子会越来越多,我该怎么办?目前她们遇到的"个案",也许是将来幼儿园的普遍现象,本来就应该是教育的常态。

幼儿教师的这种思维反映了特殊需要儿童及其家庭还是属于社会的少数人,属于社会的"弱势群体",在社会中处于"弱势状态",他们并没有得到社会足够的关注与支持。弱势群体所指的是"此时此地"处境不利的一群人或一类人,弱势状态则指的是一群人或一类人的不利处境。①这些背负种种压力的特殊需要儿童家庭作为社会的弱势群体,在社会中没有被充分重视。他们不仅缺少来自社会的理解和支持,而且缺少来自教育工作者的关注。缺少社会的理解和支持

---

① 马维娜.局外生存——相遇在学校场域[M].北京:北京师范大学出版社,2003:17.

使他们时时处处感觉"透不过气""不知何时是尽头",而缺少来自教育者对特殊孩子的关注使他们对社会失望,感觉人生没有希望。

无论是特殊需要儿童的家庭,还是需要专业引领的教师,都体现了我们国家学前融合教育存在巨大的发展空间。在中国两千多年的封建社会中,特殊需要儿童长期被排除在整个教育体系之外,得不到应有的教育权。清政府1902年颁布的《钦定小学章程》中明确规定:凡资兴太低,难期进益者以及困于疾病者都应退出学堂。近代特殊儿童进入特殊教育学校接受教育得益于外国传教士和教会兴办的特殊教育学校以及慈善机构。新中国成立后,教育部逐渐构建了完整的特殊教育体系。但从现实中背负众多压力的特殊需要儿童的家庭和教师的观念来看,特殊需要儿童也是我们的教育对象,他们同普通儿童一样,拥有和普通儿童一样平等受教育权利的公平平等观念并没有真正深入广大教育工作者的内心,更不必谈社会中其他人的观念。特殊需要儿童家长为自己孩子的受教育权而苦苦奔波,不懈努力,受尽各种委屈与嘲笑。

因此,教师的专业成长和家长对特殊需要儿童成长的参与需要教育主管部门的支持和引领。特殊需要儿童的早期教育工作还需要国家加大宣传、支持的范围和力度,从精神上和经济上给特殊需要儿童的父母提供尽可能多的支持,引起全社会特别是教育者的关注。

三、沉重的保教压力下的幼儿教师与亟须建立的支持系统

在北美和欧洲,班级规模和师生比例是评价幼儿园质量的关键指标,但是中国、日本和亚洲其他的国家却并不是这样。[①]

20世纪,根据学前教育工作的整体发展状况,我国劳动人事部门和国家教育委员会在颁发的《全日制、寄宿制幼儿园编制标准(试行)》对幼儿园班级中教师和幼儿的数量做如下规定:小班20～25

[①] 约瑟夫·托宾,薛烨,唐泽真弓著. 重访三种文化中的幼儿园[M]. 朱家雄,薛晔 译. 上海:华东师范大学出版社,2014:31.

第四章
幼儿教师融合教育体验的影响因素分析

人,中班 26~30 人,大班 31~35 人,每个班级配备专职教师 2 人。这里的专职教师并不包括保育员。根据这一规定,幼儿园班级的师生比大约是 1:10~1:18。幼儿园班级的师生比并没有引起我们国家教育相关部门的充分重视。

本研究中的大部分班级的人员配备都是"两教一保",也就是两个教师一个保育员。孩子数量大概在 36 人左右。但前期调查问卷中有三份问卷反映其班级是"两教半保",也就是这个班级和另一个班级合用一个保育员。一个保育员要负责两个班级孩子的保育工作。调查问卷现实班级中孩子的数量甚至能达到 38 人,最高的一个班级是 40 人。如此的教师配备,不仅不能充分满足非融合教育班级的需要,更不能满足特殊需要儿童存在的融合教育班级的需要。

"老师带 40 个孩子,还一堆事,特殊儿童进入幼儿园真会给老师带来很大工作量。"

"因为班额很大,所以这一名有特殊需要的儿童会给一日工作顺利开展带来一些困难。例如集体教学时就很难有教师专门照顾他,他就会破坏教室的一些玩具等,事后老师需要花很长时间去整理。"

"班级人数比较多,工作量比较大,老师根本没有这个精力一对一。"

随着学前教育的发展,越来越多的特殊教育需要儿童进入普通幼儿园,每名教师带十几个孩子的比例将会成为提高我国学前教育质量的一个重要阻碍因素。特殊儿童进入普通幼儿园,他们给教师所带来的压力不是简单得多一个人,而是成倍的保育和教育压力。社会究竟赋予其制度什么样的内容只能由该社会的成员根据自己的经验和价值观来决定,它只能通过渐进的、演化性的试错过程来发现。[①] 因此,我们需要充分重视学前融合教育班级中的教师配备,在尽可能的情况下,尽量保证特殊需要儿童每天能有一对一的教学时

---

① 柯武刚,史漫飞. 制度经济学——社会秩序与公共政策[M]. 韩朝华译. 北京:商务印书馆,2004:002.

间。为了保证班级中儿童的保育和教育质量，学前融合教育班级必须增加教师人数或者减少普通儿童的数量，才能确保特殊需要儿童和普通儿童都能够得到适当的教育。

梁漱溟先生说"教育之在社会，其功用为绵续文化而求其进步"。① 特殊需要儿童进入普通幼儿园进行学前融合教育不仅仅是一种教学方式，更是一种生活方式。这些孩子以及他们家庭的命运不是他人的命运，他们的命运可能就是我们每一个人的命运。生而为人，每一个我们都是这片土地上的一棵树，当大风吹起，在风中漂浮的不仅仅是那些无根的白云，还有奋力摇曳挣扎的每一个我们自己。

第四节 个人与环境的相互作用

人在环境中生活，也受环境的影响而发展。人的成长离不开环境，更离不开与环境的相互作用。从人的成长过程来看，就是人的发展与环境相互结合、相互作用的过程。② 从广义上说，环境指个体身处其中，影响个体发展的一切外部条件。广义的环境既包括了大环境，也包括了小环境。前者包括个体生活的自然环境和社会环境，如本章上一节讨论的社会制度和文化观念属于大环境中的社会环境；后者则指个体的生活环境和工作环境。本节所讨论的环境是指小环境，指幼儿教师的工作环境，具体是指幼儿教师所在的幼儿园环境。

一、融合教育中的幼儿教师在与环境的相互适应中共同成长

---

① 梁漱溟. 梁漱溟教育论文集[C]. 上海：开明书店，1945：148.
② 虞永平. 幼儿教育观新论[M]. 北京：人民教育出版社，2006：131.

第四章
幼儿教师融合教育体验的影响因素分析

学前融合教育过程中幼儿教师与环境的相互适应包括幼儿教师与特殊需要儿童、特殊需要儿童家长以及幼儿园园长的相互适应。因为适应意味着改变，而幼儿教师与幼儿之间天然的教育者与被教育者的关系意味着要达到两者的相互适应，幼儿教师首先必须做出较大的改变自己适应儿童，儿童才可能改变自己适应教师。而本研究的研究重点是幼儿教师的体验，因此研究者选择了这组具有丰富研究价值的关系来阐述幼儿教师在与环境的相互适应中共同成长。

前期集体访谈中有位 W 老师十年前带过一个孤独症男孩。针对学前融合教育的效果，她感慨地说"至少他在能力方面的发展真的还是比较明显。帮助和不帮助还是有很大区别的"。研究指出，特殊儿童与正常学生共同学习和生活不仅促进了特殊儿童社会交往技能和情绪情感的发展，而且对普通学生的发展也有促进作用。①

带脑瘫儿童的顾老师说"脑瘫儿在语言方面还培养了其他幼儿耐心倾听的习惯，同伴间的感情也比较深厚，同伴学会了宽容，从小就富有同情心，对于残障儿童来说融合对他们社会性发展有着重要的意义"。因此她描述自己的学前融合教育体验用了一个词"欣然"。在她的班级中的脑瘫儿童仅仅是"行动不便和动手能力差"，但"其他影响不大"。也就是说这个脑瘫儿童并没有给她的工作带来过多的压力，而且因为有这个脑瘫儿童的存在，事实上"培养了其他幼儿耐心倾听的习惯"以及"同伴学会了宽容"。

但特殊需要儿童对班级同伴的正向影响作用，并不是自然而然发生的。并不是把一个特殊需要儿童放到一个班级中，放任自流，他就会给普通儿童的成长带来积极的影响。在研究的观察阶段，研究者也接触过教师不管、"随班就混"的所谓的融合教育。其结果是特殊需要儿童不能实现个人的成长，普通儿童的发展也并不能得到促进。因此，学前融合教育对特殊需要儿童和普通儿童发展的重要

---

① 刘艳虹，朱楠. 融合教育中儿童发展状况的案例研究[J]. 中国特殊教育，2011(8)：8-13.

促进作用，首先离不开幼儿教师对融合教育环境的适应。

保育者在接触孩子的时候，会重新审视自己，以一个崭新的自己去面对孩子。如果不是这样，一直唯我独尊的话，是难以和与自己完全不同的孩子交往的。在教育现场，在和孩子的接触中，成人被改变着，正是这种变化让正在成长中的孩子得到满足。①

部分特殊教育需要儿童会有"坐不住、上课随意下位、突然发出怪声"等扰乱课堂秩序的行为。刚入园的时候，这些行为确实给教师带来很大的困扰。

"经常上着上着课，他就突然吼一嗓子，把我和小朋友们都吓一跳。胆子小的孩子被吓哭。有的时候上着上着课，他就下位，旁若无人地走来走去。其他小朋友一看，也模仿下位。教学整个就进行不下去了。"老师当时的感受是"不知道该怎么办，我都要崩溃了"。

本研究中的5个特殊教育需要儿童存在这种问题行为，5位幼儿教师都表示对这种行为很难办，因为孩子们会模仿。"小朋友们会跟他学""她跑，他们也跑""跟他说他都不听"。

经过了一段时间的调整后，教师们首先是理解特殊需要儿童。所谓理解，就是改变自己，而不是按照自己的期待或者将对方纳入自己的认识框架而去改变对方。② 善于反思的教师比较容易理解儿童。当教师们理解了特殊需要儿童，她们也就不再想改变对方，而是改变自己的管理思路，采取有目的的引导、严格要求和不断强化相结合的方法，对普通儿童提要求：

"我就跟小朋友们讲，他是小弟弟啊。你们不能学他，大哥哥、大姐姐要有大哥哥、大姐姐的样子。我要看看哪个小朋友是大哥哥、大姐姐？"

---

① [日]津守真. 幼儿工作者的视野：置身教育实践的记录[M]. 刘洋洋译. 上海：华东师范大学出版社，2012：146.

② [日]津守真. 幼儿工作者的视野：置身教育实践的记录[M]. 刘洋洋译. 上海：华东师范大学出版社，2012：199.

第四章 幼儿教师融合教育体验的影响因素分析

另一位教师采取了灌输教育的方法：

"小宝还小，你们不要看着小宝，不要跟小宝比。如果你们谁要跟小宝比，那对不起，那老师要找你的。渐渐地，灌输这种思想。从这个学期开始，孩子们就知道了，不要受小宝的影响。"

确如津守真所言"成人和孩子生活的舞台虽然不同，但在各自的舞台上，面对出现的危机和挫折，身体里蕴藏的力量却有着共同之处"①。经过两到三年的学前融合教育，在幼儿教师日复一日地教育、引导下，能力较强的普通儿童也慢慢学会了理解和尊重，接受了特殊需要儿童的特点，逐渐磨炼出一种见怪不怪，集中专注的抗干扰能力，提高了他们的注意力。研究者在观察学前融合教育班级的过程中，不止一次地见过此类现象。例如在一个学前融合教育班级的餐前等待环节：

饭前有十几分钟的时间，老师给小朋友们播放电脑里的故事。孩子们很喜欢，听故事的时候都能安静地坐在桌子旁一边等着吃饭，一边认真地听故事。在小朋友们都很专注地听故事的时候，GG开始坐不住了。他坐在椅子上，一会儿下位，走来走去；一会儿自得其乐地玩餐盘，发出声音。但奇怪的是小朋友们好像都已经习惯了，还是丝毫不受影响地听着故事。

在另一个学前融合教育班级的集体教学活动中，类似的情况也有发生：

在集体教学活动中，老师弹起钢琴，小朋友们跟着琴声唱歌。JZY站起来离开自己的小椅子，站到小朋友们中间，一边唱歌，一边做夸张的奥特曼动作。孩子们不为所动，有的孩子看他，有的孩子不看他，但他的行为并不影响孩子们跟着教师的钢琴声继续唱歌。做完动作后，JZY自己上位。整个过程教师要弹钢琴，根本没有时间来管他，当时配班老师和保育员都不在现场。他趁钢琴声还没停

---

① [日]津守真. 幼儿工作者的视野：置身教育实践的记录[M]. 刘洋洋译. 上海：华东师范大学出版社，2012：177.

的时候又坐回自己的小椅子。孩子们见怪不怪，习以为常地继续上课。

这节集体活动23分钟，JZY共下位6次，在众目睽睽之下走到教室中间，一边回答问题，一边手舞足蹈。当他的动作过大遮挡了后面孩子的视线，后面被遮挡的孩子很自然地会把身子往旁边移，调整自己的视线，使自己能看到教师。

集体活动中普通儿童被特殊需要儿童遮挡后能够主动调整自己的坐姿，及时跟上教师的教学节奏的情况，在其他的学前融合教育班级同样存在：

9点30分，J自己从小椅子上站起来，走向教师，教师继续讲课。在黑板前站了一会儿，看了一会儿黑板，然后又转回来在全班的小朋友们面前晃来晃去两圈，然后又走开，到游戏区角晃了两圈，又自己走回来坐到小椅子上。整个过程约2分钟。其他幼儿都坐在自己的位置上，看着老师，专心听讲，完全不受她的影响。她在游荡过程中遮挡了其他小朋友的视线，被遮挡的幼儿主动晃动自己的上半身寻找教师的身影。

教师开始适应特殊需要儿童，班级中的普通儿童也会开始模仿学习，学会理解和尊重，尝试适应特殊的同伴。当教师开始改变，班级的环境开始改变的时候，特殊需要儿童也会相应地调整自己，让自己去适应教师及环境，尝试与教师建立关系。和教师的相互性关系是孩子能动性发展的基础。① X老师说她带的孤独症谱系障碍儿童，刚开始来的时候不说话，后来发生一些变化：

我觉得一个人跟他在一起的时候，他也是会说的。那个时候外婆婆很奇怪为什么他跟我在一起会说那么多的话？！那个孩子不太愿意跟他妈妈说话，可能他跟他爸爸妈妈说的话加起来还不如跟我说的话多。他不太会说，但他有时候说出来的话很奇怪。他有时候会

---

① ［日］津守真．幼儿工作者的视野：置身教育实践的记录[M]．刘洋洋译．上海：华东师范大学出版社，2012：5.

第四章 幼儿教师融合教育体验的影响因素分析

跟我说的话还蛮长的,就是很长的一段话。家里面……有一次我就跟外婆婆讲,她说"啊?他能说出这么长的句子"。

孩子只有喜欢一个人的时候,和他人之间的关系具有稳定性的时候,他们才会具有能动性,才会主动跟这个人说话。而另一个唐氏综合征儿童,从刚开始来的时候"灰头土脸",到后来整个融合教育项目组老师都说他"脸上有光,眼睛都有神"了。到了大班,他甚至还有了自己的小个性、小脾气,当老师管束他的时候,他还会表现出对自己的老师有意见了。这充分显示了幼儿教师创造了一个充分尊重孩子的环境。

二、融合教育中的幼儿教师在与环境的矛盾冲突中共同发展

教育现场是通过人与人之间的相互理解而展开的。① 但教育现场中的每个人都有自己独立的想法。面对同一件事情,各人都有各人的应对方法和解决办法。当每个人的应对方法和解决办法不能达成一致的时候,矛盾和冲突就会产生。幼儿教师的学前融合教育过程是充满着多种多样的矛盾和冲突的过程。围绕着特殊需要儿童的学前融合教育,幼儿教师和特殊需要儿童、特殊需要儿童的家长、园长以及普通儿童的家长之间存在着无数的矛盾和冲突。或者说,矛盾和冲突是幼儿教师融合教育体验的常态。

这些矛盾和冲突一方面带给幼儿教师巨大的压力,但同时它们也给幼儿教师带来了无限的可能。换句话说,矛盾和冲突也可以帮助人与人之间达到相互理解。

正如范梅南所说,无数的矛盾、冲突、两极性、压力和对立物构成了我们教育的体验。虽然生活中充满了矛盾,但并不是所有的

---

① [日]津守真. 幼儿工作者的视野:置身教育实践的记录[M]. 刘洋洋译. 上海:华东师范大学出版社. 2012:109.

矛盾的价值都始终是不和谐的。①

当代西方社会冲突理论认为，社会体系处于绝对不均衡状态，冲突是社会固有的特征。冲突是不可避免的，它既是社会稳定秩序的破坏力，也是社会发展的推动力。冲突具有积极的作用。②"作为规范改进和形成的激发器，冲突使与已经发生变化了的社会条件相对应的社会关系的调整成为可能。"③科塞认为，在一个社会系统中冲突越频繁，其激烈程度越低，则它越有可能增强系统各单位的革新精神，从而缓解系统各单位之间彼此的敌意，使他们不至于完全对立。④

在学前融合教育班级这个小小的社会系统中，每位幼儿教师都在与周围环境的冲突中不断重新调整自己与对方的关系。冲突主要体现在与特殊需要儿童、与特殊需要儿童的家长以及园长的关系中。幼儿教师与特殊需要儿童的冲突表现为教师要他们像普通孩子一样但他们却无法做到。经过痛苦的冲突，幼儿教师首先调整自己，按照特殊需要儿童的特点提出相应的教育要求，与他们相互适应。

与园长之间的冲突主要表现为园长是否支持。当然，还有与配班教师、与其他同事之间的小冲突。但幼儿教师与环境的矛盾冲突最典型的是与特殊需要儿童的家长之间的冲突。

幼儿教师与特殊需要儿童家长间的冲突基本分为三个时期：

（1）初期阶段。这一时期的冲突主要围绕孩子是否是特殊需要儿童而展开。教师一心希望家长带孩子去检查确诊，但大部分家长采

---

① [加]马克斯·范梅南著. 教学机智——教育智慧的意蕴[M]. 李树英译. 北京：教育科学出版社，2013：85.

② 张卫. 当代西方社会冲突理论的形成及发展[J]. 中国特殊教育，2007(5).

③ [美]L·科塞. 社会冲突的功能[M]. 孙立平等译. 北京：华夏出版社，1989：116.

④ 程新英. 西方社会冲突理论评析[J]. 河北师范大学学报(哲学社会科学版)，2000，23(3)：13.

第四章 幼儿教师融合教育体验的影响因素分析

取了回避、拖延等各种方法来逃避。初期的冲突相对比较激烈，单靠幼儿教师个人的力量是完全不足以应付这种冲突的。部分幼儿园园长会在这时加入进来，帮忙协调处理，缓解幼儿教师与家长之间的敌意，使他们不至于完全对立。园长的加入使冲突双方的力量产生了明显的不均衡，家长会重新调整与教师的关系，并在行动上体现出来——带孩子去做相应检查。

当时孩子爸爸的第一句话就是：老师，我们家孩子没有病。我们做过脑部核磁共振，我们做过什么什么检查的，我们是没有问题的！我说，我没有说你的孩子有问题，我只告诉你一个月了他做了哪些事情，有哪些哪些行为表现。其实当时很明显能看出来，家长是不相信我们的话的。

说实话，他可能还觉得我们老师也针对他。其实能感觉出来家长的不满。像我们跟家长沟通，说要是你们有什么想法，可以提前给我打个电话，提前沟通。他爸爸就随时给我打电话，老师我现在就在门口，你不是要谈话吗？就是这样子，经常突然地就杀过来了。

后来（领导）通过介绍人跟他家长沟通。介绍人特地跑到我们班来，看了两天半日活动，她用手机把YY的样子全部视频录下来，然后放给YY的家长看。当天晚上，YY妈妈的信息就过来了。她说，老师不好意思，我真没有想到，我的儿子在学校是这种表现！后来他们就去医院做检查了。

（2）中期阶段。中期阶段孩子确诊后主要围绕特殊需要儿童在幼儿园的去留而展开。家长希望能够继续留在幼儿园，而教师一般在内心希望孩子能够离开，给自己减轻负担。此时，园长的态度非常重要，直接决定了冲突的结果以及持续时间。如果园长没有明确的态度，那么家长和教师之间的这一冲突将持续很长时间而解决不了。而如果园长有明确的态度，这一冲突将很快结束。

Z老师班上的孩子诊断出来后，她想劝退，但刚流露出一点想法，就被家长以更激烈的手段扼杀在摇篮里，双方僵持不下：

家长又哭又闹，J老师想劝退，但园长明确指示：全纳！虽然教师有劝退的想法，但也还是很快调整自己服从了领导的安排。

（3）后期阶段。从幼儿入园到家长愿意面对现实，承认孩子是特殊需要儿童，至少需要1年到1年半的时间。当然那些先天能从外表上看出来的孩子暂时不在此讨论。这里所指的是外貌与正常孩子没有差异，在幼儿园面试等环节的较短时间内不太容易被发现的特殊需要儿童。当家长愿意面对现实，幼儿教师与家长之间的冲突就演变成幼儿教师是否能够满足家长所需要的高质量的特殊教育之间的矛盾。此时的幼儿教师发现自己需要学习的东西很多，处于教育工作者对于自己本能的要求，他们很想把孩子带好。但心有余而力不足。他们会尽量调整自己，满足家长的需要。从一切为了孩子的角度出发，这个时期的家长也会相应地调整自己，使自己与教师的关系不那么紧张。

在实践中也有的幼儿教师既没有经历过第一阶段，也没有经历过第二阶段。因为孩子入园前就已经明确告知是特殊需要儿童，他们之间的矛盾冲突一开始就是如何对特殊需要儿童进行教育的问题。在整个过程中，我们可以看到幼儿教师和特殊需要儿童家长在矛盾冲突中力量的此消彼长，以及为了争取各自的权益所做的努力，特别是他们在冲突中达到的共同成长。

第五章　结论与讨论

第一节　幼儿教师的融合教育体验本质特点

在具体的融合教育教育过程中，每个融合教师遇到的具体问题不同，他们的教育和心路历程就不同，这个过程并不是直线的或螺旋上升的。它是一个矛盾冲突不断的过程，并不是说这段时间这个矛盾解决了，就永远没有矛盾了。而是这个矛盾解决了，下一个阶段另一个矛盾就会出现。因为孩子是在不断成长的，普通儿童不同年龄阶段出现不同的年龄特征，特殊需要儿童也会随着年龄的增长，心理和行为随之改变，越来越好的改变是教师喜欢和愿意看到的，但有的改变却是旧的问题消失了，新的问题又出现了。幼儿教师的实践历程是在个人、特殊需要儿童、普通儿童、家长以及同事、领导和其他组织结构等共同作用下，教师不断进入融合教育状态，灰心；再次燃起信心，又灰心……这是一个动态的不断发展的过程。

一、幼儿教师融合教育体验本质是教师个人的成长

在这个不断让人绝望，出现希望，然后又失望，再度燃起希望的融合教育历程中，研究者能强烈而真切地感受到学前融合教育中幼儿教师的个人成长。他们就像一只只飞蛾，经过痛苦的历程，最终破茧而出变成翩翩蝴蝶。他们的成长不仅体现在教育观念的改变，

更体现在教育过程中的创造与自我实现。

(一)教育观念的改变

在谈到同"永恒的你"相遇而获得的"充实的现在",即所谓"启示"给予人生的意义时,布伯写道,这种意义,不是"来生"的意义,而是我们的此生的意义,不是"彼岸"世界的意义,而是我们的此世的意义,它要在此生之中,在与此世的关系之中得到证实。对于幼儿教师而言,这种"此生的意义"来自教育实践。

日本的津守真教授其教育实践的记录中写道:教育是关系到孩子自我意识成长的工作,教师很幸运地拥有通过教育孩子而使成人后的自己发展自我的机会。教师同人之间对每一天教育工作内容的议论,都是教师自我成长的机会。教师和家长之间的交流也是如此。① 通过直接参与特殊需要儿童的教育经验,幼儿教师可以深入了解特殊需要儿童。同时在学前融合教育过程中,通过与特殊需要儿童、家长(包括特殊需要儿童家长和普通儿童家长)、同事及领导等人的互动,幼儿教师的儿童观、教育观、教师观也在慢慢发生变化。

1. 儿童观的改变

儿童观是人们对儿童的总的看法和基本观点,也就是说儿童观反映了一定社会中的人们怎样看待儿童。在没有接触融合教育之前,幼儿教师眼中的儿童是"纯真可爱"的,是"古怪机灵"的。但从来没有想过也有"纯真"但可能并不"可爱","古怪"而并不"机灵"的儿童。虽然"儿童有一百种语言",但我们在教育过程中却经常只允许存在一种语言。那些不符合标准的,教师以前并不知道的即被认为是不好的,是被忽视的存在。如访谈中 J 老师所说:

原来还有这些(特殊需要儿童),是我以前不知道的。因为平时没接触过,所以没有在意。因为被不了解,所以被忽视。因为你周

---

① [日]津守真. 幼儿工作者的视野:置身教育实践的记录[M]. 刘洋洋译. 上海:华东师范大学出版社,2012:118-119.

边没有这样的孩子，所以不愿意去关注的一些东西。说实话以前我总觉得，孤独症离我远得很，我不需要去了解。

在教育过程中，那些没有达到教师所要求标准的儿童基本是"不能"而不是"不愿"。柯尔伯格的"好孩子"理论，儿童倾向于按照成人特别是教育所要求的标准来严格要求自己，但当教师的要求标准和自己的能力之间存在差异，自己无论怎样努力都不能达到教师要求的时候，孩子容易自暴自弃，不理睬教师，甚至和教师对着干。任何一个特殊儿童，都需要教师的了解。在不批判基础上建立了解儿童的心态，采用更宽广和多元的角度去了解他们，看到他们的进步和价值。

也就是说，你了解了以前你不知道的，关于孩子的一些东西。在工作中，幼儿园一直遵循理解儿童、了解儿童的理念，我觉得这个过程真的是……因为我们新纲要出来后，我觉得理解儿童，了解儿童真得不能停留在口号上，需要这样真正地去走进他们，落实在自己行动上，才能体会到上面文件上很多的精神不是背下来、默写下来就可以的，你要付出很多的汗水去实践它，真的是很不容易的一件事情。我们一直在讲理解儿童、了解儿童，从孩子的角度去考虑问题，但是你真正能落实到实际行动中的有多少呢？你可能把纲要背得滚瓜烂熟，但你并不能把里面的精神都落实到你的工作上。这是很难的一件事情，这也是很磨炼我们的一件事情。我现在才觉得什么叫理解儿童！

儿童观是一切的根本。我们的幼儿园的理念就是"生态式教育"，也就是关注每一个孩子，关爱生命。以前看孩子就觉得"这个不就是这样吗？你怎么不会的呢？我跟你讲过你怎么不会的呢"。现在我们不会这样子，我会想"他为什么没有去这样做呢"，去分析他背后的行为产生的原因，会这样多一份思考，其实就多那么一点点思考，但是很多人如果没有这样的机会，或者没有经过这样锻炼的话，那么就缺了一点东西。就像炒菜一样，就少了一味料，那个味儿就不太对。就是孩子一些行为背后的东西,作为老师,忙着一些杂事,没有去分析孩子行为背后的一些东西。但是有这样的孩子以后,会发现很多东西是需要从很多其他方面去考虑原因的,需要深入地去分析,然后才能理解他。这个儿童观,讲起来就是那么一点点变化,你说的不就是理解儿童吗?!

2. 教育观的转变

什么是教育?最诗意化的表达也许是"教育意味着一棵树摇动另一棵树,一朵云推动另一朵云,一个灵魂唤醒另一个灵魂"。教师在学校中并不是要给儿童灌输特定的观念,或强迫儿童形成特定的习惯和行为方式,而是作为共同体的一个成员来选择对儿童起教育作用的影响,并帮助儿童对这些影响做出恰当的反应。① 社会学习理论告诉我们:模仿是儿童学习的重要方式。教育是一项始于心灵的活动。教育必须从孩子的心灵开始,才能变成孩子的行动。因此,教育不是单纯地教和育,教育是一种选择,教育是一种影响,教育是一种带动。

孩子面对生活的现实,在身边成人的人格熏陶中创造着自己的人生。② 学前融合教育班级的全体孩子,是在所有教师日复一日地熏陶中走向自己的人生。因此,学前融合教育是"桃李不言,下自成蹊";教育是"亲其师,信其道";教育是"春风化雨";教育是"身正为范";教师是"忽如一夜春风来,千树万树梨花开";教育是灵魂的摇动,观念的碰撞,行为的熏陶。

3. 教师观的转变

教师是什么?教师是蜡烛,教师是人类灵魂的工程师,教师是园丁,教师是春蚕……古往今来,关于教师是什么的论说层出不穷。

---

① [美]约翰·杜威. 我的教育信条[M]. 彭正梅译. 上海:上海人民出版社,2013:5.
② [日]津守真. 幼儿工作者的视野:置身教育实践的记录[M]. 刘洋洋译. 上海:华东师范大学出版社,2012:177.

在学前融合教育过程中，教师是一个丰满的立体的人，他们有着自己的局限，但他们都懂得努力超越。

教育是一个使教育者和受教育者都变得更完善的职业，而且，只有当教育者自觉地完善自己时，才能更有利于学生的完善与发展。① 学前融合教师是具有自我、并且不断寻求超越自我的生命个体。他们具有专业知识、不断学习、不断完善自己的态度和能力。他们负责教学，但他们更负责育人。育人之前，他们首先育己。

可能会思考得更多一点，会更沉下心来去分析孩子异常行为背后的原因，从而学会理解他。

像有些行为，以前会觉得很无奈。但现在会想，他这样可能他确实是有这样需求的。他这样去做（模仿 GG 敲桌子）或者他有这样的特点，会这样子认真去分析和考虑。

现在觉得会静下来思考一下，慢慢自然而然地就会用平和的心态去对待他。

在儿童观、教育观和教师观一致基础上，学前融合教师达到人格上的自我认同，这是"一种把个人的自身认同融入工作的强烈意识"。

有的时候觉得我们可能多一分耐心，就有可能会影响孩子的一生。这样想想觉得自己还挺伟大的。（笑）觉得是值得的！真的！你现在所做的一点点，可能会真得让他的一生都发生变化。他有可能一生都这么浑浑噩噩地过！但是他也有可能会长成一个就算不是对社会有用，至少能养活自己的人！

真的，我有的时候觉得还是蛮值得的！我想当我老了的时候，再回顾自己的这一辈子。我会觉得"哎呀，我没有做过什么亏心事"！"我还是做了不少善事的"。

---

① 叶澜. 教师角色与教师发展新探[M]. 北京：教育科学出版社，2013：3.

(二) 教育过程中的创造

职业生活，是人成年以后生命活动的重要组成部分，其质量如何，在很大程度上决定了人的生命质量，同时也造就了个体的生命质量。因为，人怎样度过生命的日常方式，会决定人成为怎样的人。① 教育是一个使教育者和受教育者都变得更完善的职业，而且，只有当教育者自觉地完善自己时，才能更有利于学生的完善与发展。② 因此，幼儿教师在教育过程中，不仅要关注"育人"，更需要关注"育己"。"育己"则需要不断地创造。"我们找到教师职业对于社会而言的外在价值，与对于从业者教师而言的"内在生命价值"之间统一的基点，找到了教师可能从工作中获得'内在'与'外在'相统一的尊严与欢乐的源泉，那就是两个赫然的大字——创造！"③ 在融合教育过程中，幼儿教师面对新问题没有经验，没有可以模仿的对象。在幼儿园的同事群体中，因为只有自己一个人带特殊需要儿童，没有任何一个同事可以讨论，更没有传统中集思广益的"集体备课"。遇到任何问题，只能自己想办法，尝试去解决。在一次次试错中，进行创新，在创新中得到升华。在创新中，融合教师找到新的自我。正如 Y 老师所说：

我现在工作不是为了钱，不是为了职称，而是为了孩子，真正把工作变成一个喜好。就像我们年轻的时候，就喜欢这个，干这一行（幼儿教师）特别高兴，就喜欢干这行。仿佛进入职业倦怠期，但是现在又有了崭新的感觉，就觉得又有了一个新东西，让我去尝试一下，创新一下。我觉得可能是职业素养也不一样，是一种使命感。

(三) 教育过程中的自我实现

创造，教师职业内在尊严与欢乐的源泉。④ 面对问题解决问题的

---

① 叶澜. 教师角色与教师发展新探[M]. 北京：教育科学出版社，2013：15.
② 叶澜. 教师角色与教师发展新探[M]. 北京：教育科学出版社，2013：3.
③ 叶澜. 教师角色与教师发展新探[M]. 北京：教育科学出版社，2013：14–15.
④ 叶澜. 师角色与教师发展新探[M]. 北京：教育科学出版社，2013：14.

创造过程中，教师得到内在的尊严与欢乐。正如《礼记·学记》所言："教学相长"。教育过程中的教与学永远是一对同进退的双胞胎，这两者是相互影响，不可分离的。负责教的教师和负责学的学生之间也是一种相互影响的关系。学生的学会反过来促进教师的教，促进教师的成长。也就是说，在教育中，教育者是和被教育者一起成长的，二者关系是相互的。我的"你"作用我，正如我影响他。我的学生铸造我，我的业绩抟塑我。① 在学前融合教育过程中，通过与特殊需要儿童的"相遇"，幼儿教师经历最初的懵懂无助，矛盾冲突，面对"什么都不懂"的现实，在日复一日解决一个个特殊需要儿童所带来的教育保育问题中，获得自身的成长，达到社会适应的最高境界——自我实现。个体在自我的发展中是由自我向他我不断过渡的。当个体的人格与社会保持高度的和谐与一致时，个体所追求的就是自身的发展与社会的认同保持一致，达到自我实现。②

自我实现并不仅指自己顺利完成了什么事情，还包括在被动情况下能够积极地面对现实，并进一步发现真实的自我。③ 在融合教育实践中幼儿教师经历了从初识小儿，手足无措到鉴定确认，矛盾冲突，然后面对现实，尝试融合直至排除万难的曲折实践的过程；同时在心理上，幼儿教师也经历了怀疑迷茫、矛盾纠结、焦虑无助直到最后的淡定从容的过程。在这个时空交织、五味杂陈、苦辣参半的过程中，幼儿教师接受现实，面对现实，最终获得了自我认同、创造和自我实现。

---

① [德]马丁·布伯. 我与你[M]. 陈维纲译. 北京：商务印书馆出版，2015：18-19.

② 杨彦平. 社会适应心理学[M]. 上海：上海社会科学院出版社，2010：36.

③ [日]津守真. 幼儿工作者的视野：置身教育实践的记录[M]. 刘洋洋译. 上海：华东师范大学出版社，2012：131.

二、幼儿教师的融合教育体验过程充满着张力和矛盾

"张力和矛盾属于教育学的体验。"①学前融合教育过程中,幼儿教师的融合教育体验处处充满着对立的矛盾。对特殊需要儿童是放任自流还是教育引导?对特殊需要儿童家长是亲密还是疏离?对学前融合教育是坚持还是放弃?对特殊需要儿童是一味忍耐还是有原则地对待?等等。范梅南说:"许多教育理论、儿童抚养方法、许多管理学校的方式都处于这样的动机:希望夸大某个生活方式的重要性以便减少接下来的压力和矛盾,而这些矛盾也许可以更为恰当地看作是不可避免的对立的生活动力、价值或特点。"①尤其是在具体的教育情境中,融合教育体验的这种二律背反的结构经常使幼儿教师焦虑、迷惑、困顿和无助。但也许正是这些矛盾促使幼儿教师不断思考:如何进行教学,如何与特殊需要儿童相处,如何与他们的父母相处,如何与自己的同事相处。

(一)与特殊需要儿童之间的张力和矛盾

和特殊需要儿童之间,幼儿教师可以通过一次次解决对立的矛盾冲突而达到接纳儿童。访谈中J老师坦言:

"原来老远就在门口(看到YY来上学),心里想,哎呀,那个人来了,就这种想法。(我们都笑)现在经常我们三个人还在班上讲,哎呀,YY不来,还不热闹!(我们又都笑)真得是这样!"(J老师郑重补充)

从刚开始的不喜欢,不愿意孩子入园,到后来完全的接纳,孩子不来教师觉得好像少了点什么,真正把特殊需要儿童接纳为自己班级的一员。在这个过程中,教师曾经抵触、抗拒,但在和这些儿童日复一日地接触中,逐渐了解、理解并接纳了他们。

---

① [加]马克斯·范梅南. 教学机智——教育智慧的意蕴[M]. 北京:教育科学出版社,2013:82.

"其实这个心态,我自己也是慢慢在调节。前面很着急、很焦虑,然后慢慢觉得我们自己三个人聊我们自己心态要好一点。不管怎么样,他还是一点一点在进步的,对他来说已经是很不错了。跟小班的那个时候相比,现在简直是完全两样。而且他现在会参加活动了,慢慢认知也上来了,他慢慢也会表达了。他前面有次活动,花环一定要戴着,把他拿下来,他又套到头上,一个环节接着一个环节。接下来我们要去上什么课,要出教室的。大家把花环放在抽屉,我一转身,他又戴上。我一转身,他又戴上。我说"GG,放抽屉里"。我还指指抽屉,因为一开始,以为他的听力不太好,我还以为他是理解能力的问题,都是重点跟他讲几个词,比如"放抽屉,坐下"。慢慢跟他讲,我说"放抽屉啦",我还指指抽屉,两次都无动于衷。我就放到抽屉,他就拿出来。我就问他:"GG,你干吗老戴着啊?""漂亮。"他说"漂亮"。因为前面他玩去了,大家都戴着这个在跳舞。他就是可能慢啊,比人家迟一拍,或者迟两拍。等人家都跳完了,他可能想起来:哎,人家刚才戴着蛮好看的,我也去戴一下。于是我就说:"哟,是漂亮,是漂亮。"然后就给他戴着,一直都戴着,他可能是发现这个好看,他就把它戴头上。

访谈中教师坦然自己在融合教育过程中开始时的心态是着急的、焦虑的。但在这个过程中,她也看到了孩子的变化。随着自己心态的改变,孩子认知和语言表达能力的提高,教师也逐渐改变了对孩子的教育方式。能够从孩子的角度出发,思考他的想法,了解、理解他的想法,尊重他的做法。

(二)与家长之间的张力和矛盾

在与特殊需要儿童一次次矛盾冲突的过程中,了解和理解他们的同时,幼儿教师也在与特殊儿童家长和普通儿童家长日复一日地交往互动中加深了对彼此的了解,在矛盾冲突中进行有效沟通,达到相互理解。

中间有段时间,家长天天来闹。天天下班堵在幼儿园门口,天天找我们谈。一家人坐在这儿谈。那段时间我确实心烦意乱。

在融合教育的初始，无论家长，还是教师，对于如何融合，怎样融合都不清楚。特别是在家长眼中是"正常孩子"，只不过"说话有点晚""调皮一点"，突然被教师告知"建议进行进一步的检查"。特别是诊断结果是"疑似特殊"之类的情况，在很长一段时间内，特殊儿童家长都不能接受事实，而且还容易在情绪激动的情况下对教师提出额外的要求。此时教师和特殊儿童家长的关系非常紧张，特别需要第三方力量进行调节。此时园长的态度和行为就非常重要。园长坚定的态度、良好的沟通协调能力能够有效缓解教师和特殊儿童家长之间的紧张状态，推动融合教育的良性发展。

刚刚进行融合的时候，针对家长的训练相对会少很多。我想我康复训练时间少了，孩子表达不清楚，对他今后的融合肯定没有那么好。然后我就这一块抓得很紧。我就把一些发音方法练习，家庭中家长怎么样来指导孩子练习等各方面的内容，每周让家长来培训，但家长一般说没时间。

后来我就每天在微信上跟家长沟通。现在我就每个月一次（集体）家长培训就可以达到效果了。学习任务，我也在微信上跟他们沟通。发现问题及时沟通，所以也就没有必要每周让家长到这边来进行集中培训。就这样子把任务分开，家长也不会觉得有负担了。所以说，家长这关的工作还是一定要做的。

经历过矛盾和冲突后的教师和特殊儿童家长都会冷静下来，思考为了孩子的成长，如何将学前融合教育进行下去。在目标一致的情况下，双方都会做出一定程度的妥协。家长会主动向教师靠拢，教师也会站在专业者的角度，主动调节自己，学习一些与特殊儿童有关的特教知识，与家长沟通和交流。

学前融合教育中，幼儿教师不仅需要处理与特殊需要儿童家长之间的矛盾冲突，很多情况下，也需要面对不支持、不配合的普通儿童的家长。普通儿童家长也会经历一个与幼儿教师矛盾冲突，然后在教师引导下从排斥到接纳的过程。

(普通儿童)家长从激烈的反对到积极的配合。后来会邀请他(特殊儿童)去(家里)玩，让孩子跟他(特殊儿童)做好朋友。

我就跟家长讲，这个孩子小啊，多包容一些，家长也就不那么计较。

作为专业的教育工作者的幼儿教师面对普通儿童的家长，采取动之以情，晓之以理的说理教育，普通儿童家长比较容易接纳幼儿教师的想法和做法。

(三)与同事之间的张力和矛盾

与特殊儿童及其家长之间的冲突和矛盾主要给幼儿教师带来工作上的压力，来自周围同事的不了解、不理解和不认同会给学前融合教师的心理造成沉重的负担。在问题中解决问题，是最好的对策。

慢慢地发现问题，我就能想到对策。比如家长有问题了，我就能化解掉。老师们有问题了，我也能跟老师们去沟通，跟他们去了解，老师们也就接纳了。带老师进来，让他们一起支持融合。我也会带她们外出参观。上海有个学校，它是反向融合的。带他们参观学习，然后还有把专家请进来。还有就是，有特殊儿童的班级，我就帮他们配特殊儿童的书籍，还让他们做笔记。还让他们做调查，设计了一张表格给老师，让他们进行一些调查问卷，了解具体的一些情况。就是只要教师找到我，我就帮她们。

案例中这位学前融合教师面对同事的不理解，不接纳，采取各种办法：带同事进入融合教育中来；带同事出去参观；请专家进幼儿园进行融合教育的宣讲活动；帮助其他有特殊需要儿童班级的教师进行有针对性的融合教育工作。通过这些实际的工作，把同事变成融合教育工作的参与者和支持者。

无论是在特殊需要儿童刚进幼儿园的时候，还是在学前融合教育过程中，遇到难以解决的问题的时候，幼儿教师都会遇到这些矛盾和对立。幼儿教师既在与环境的相互适应中成长，也在与环境的矛盾冲突中发展。这是辩证统一的。任何一种社会关系都既不可能如功能论者所论述的那样是统一的，都有矛盾冲突的一面。而正是这些矛盾冲突，赋予了幼儿教师与环境中其他因素之间建立关系的种种可能，这种可能使幼儿教育的融合教育体验充满着有趣的张力。因此，我们不要诋毁或否认这些矛盾，相反，我们应该赞美它们。正是它们给了生活前进的动力、规范性的结构和道德的本性。①

第二节　对融合教育中幼儿教师角色的讨论

我们期望的融合班级是一种双向互动的融合班级，它具有互动、包容、共享、共赢的特点。② 而要具备这些特点，融合班级中教师的作用至关重要。"儿童应当通过他在所属共同体中的活动而被激发、管理和控制"，"在现在的情况下，太多太多的刺激和控制来自教师。"③教师，永远是教育的灵魂。任何教育理论，必须落实到教师具体的教育行为，教育才能发挥其作用。

学前融合教育过程中，他们需要做什么？他们能够做什么？这是所有的学前融合教育教师的困惑。在实践中，幼儿教师常常忧虑"我不会特教的知识该怎么办呢？""我不会语言训练，我也不会感觉统合训练，不会定向行走训练……什么特殊教育的训练都不会，怎么办呢？"但在回答这些问题之前，我们首先需要思考学前融合教育中的幼儿教师到底应该承担一个什么样的角色？

---

① ［加］马克斯·范梅南. 教学机智——教育智慧的意蕴[M]. 北京：教育科学出版社，2013：83.
② 雷江华. 融合教育导论[M]. 北京：北京大学出版社，2012：3.
③ ［美］约翰·杜威. 我的教育信条[M]. 彭正梅译. 上海：上海人民出版社，2013：5.

一、学前融合教育中的幼儿教师是爱孩子的人

在我们这个比较重视读书,重视教师,讲究尊师重教的国家,对于教师这一职业的角色认知历来是比较规范的。无论是韩愈的"传道、授业、解惑",还是杨雄的"师者,人之模范也",所谓"学高为师,身正为范",人们对于教师的角色认知基本定位为"师道尊严"。教师,意味着"高高在上,教书育人"。是否只有"高高在上",才能"教书育人"?!

学前融合教育中的幼儿教师的教育对象不仅是普通儿童,而且也包括特殊需要儿童。教育对象的特点决定了教育的最重要目的不是知识的传授,而是对儿童人格的熏陶。教育对象的特殊性和教育的目的决定了学前融合教育是注重、强调教育过程的。教师在学校中并不是要给儿童灌输特定的观念,或强迫儿童形成特定的习惯和行为方式,而是作为共同体的一个成员来选择对儿童起教育作用的影响,并帮助儿童对这些影响做出恰当的反应。① 因此,教师已经不是传统意义上的教师,是儿童的朋友、伙伴,是儿童漫长人生路上的引路人。他们并不需要"高高在上",相反,他们需要脚踏实地的"落地为安",才能做好朋友、伙伴和引路人的角色。

幼儿教师的矛盾在于他们对自我的要求较高,在专业发展上,他们用幼儿园教师和特殊教育教师两个专业的标准来要求自己,但他们又都没有接受过有关的特殊教育培训,缺少相关的学习经验,因此,他们挣扎于两类教师的角色上,感觉特别焦虑,力不从心,无所适从。幼儿教师清楚认识到了自己的角色,就容易明确自己的要求。不论幼儿教师还是特殊教育教师都是一名教师,教师首先是要"爱孩子"。

为了促进教师的专业发展,建设高素质的教师队伍,我国教育

---

①

部分别于 2012 年和 2015 年印发了《幼儿园教师专业标准（试行）》和《特殊教育教师专业标准（试行）》。《幼儿园教师专业标准（试行）》基本理念为：幼儿为本、师德为先、能力为重、终身学习。《特殊教育教师专业标准（试行）》基本理念为：师德为先、学生为本、能力为重、终身学习。此外，无论是《幼儿园教师专业标准（试行）》还是《特殊教育教师专业标准（试行）》都从专业理念与师德、专业知识和专业能力三个方面对教师提出了专业的要求。其基本内容的第一部分都是专业理念与师德。在专业理念与师德部分，《幼儿园教师专业标准（试行）》从幼儿教师对"职业理解与认识、对幼儿的态度与行为、幼儿保育和教育的态度与行为、个人修养与行为"四个方面提出基本要求。《特殊教育教师专业标准（试行）》也是从特殊教育教师对"职业理解与认识、对学生的态度与行为、教育教学的态度与行为、个人修养与行为"四个方面提出基本要求。通过简单比较两个《专业标准》可以发现：两个《专业标准》的基本理念和基本内容都是把教师的专业理念与师德放在首位。也就是说，作为一个教师，教师的专业理念和师德是最重要的。专业理念和师德是抽象的，看不见摸不着，但它们在具体的教学实践中都体现为——爱孩子。

就像访谈中一位老师所说："孩子们会模仿。他知道老师喜欢他，我们也喜欢他，我们就把他当作弟弟来喜欢；那么，老师不喜欢他，可能他就像个'怪物'。每次他（特殊儿童）来幼儿园和离园的时候，我都会热情地主动跟他打招呼。虽然他不理我，我也跟他打招呼的。渐渐的，我们班的小朋友们也会主动和他说话了，有的孩子还会主动去抱抱他。一段时间后，他开始对小朋友们的'再见'有了回应，有的时候也会挥挥手，偶尔脸上还会有点笑容。"

二、学前融合教育中的幼儿教师是给孩子确定边界的人

爱孩子，并不是无原则的爱。任何无原则的爱最终会变成对双方的伤害。融合教育教师在照顾和帮助特殊儿童中获得家长的肯定，

特殊需要儿童在被教师照顾、帮助的过程中体会到被关爱。借用精神分析学派温尼科特"*Good enough mother*"的概念，在学前融合教育过程中，幼儿教师也需要具有"*Good enough teacher*"的观念，即60分教师。"60分教师"的意思并不是让教师在无所事事，只要看着孩子就可以了。在这里借用这个概念是说学前融合教育班级中的幼儿教师不能要求自己是无所不能、无所不包的"超人"。要求自己既是一个优秀的幼儿教师，又是一个能够教育各种特殊需要儿童的特殊教育教师。按照幼儿园教师和特殊教育教师两个专业标准来严格要求自己，这是一个实现起来很有难度的目标。特殊需要儿童的种类较多，即使是从事特殊教育工作的特殊教育教师，也不可能教育所有的特殊教育需要儿童。例如，听力障碍儿童和孤独症谱系障碍儿童都存在语言问题，但这两类特殊需要儿童的语言训练却是不同的。因此，学前融合教育中的幼儿教育不必纠结于自己会不会特殊教育的知识和技能，首先需要问问自己——我是否爱孩子？因为爱孩子，教师就会耐心地观察孩子，了解孩子，思考摸索适当的教育方法。

在学前融合教育班级中，教师对特殊儿童的爱特别容易走到极端——包容的无原则。教育过程中的无原则包容，最终会让孩子长成没有任何规则意识，时时处处需要人爱护的被保护者，长成为一个精神上永远都长不大孩子。在教育过程中，教育必须让特殊儿童知道"这个世界是有边界的。这个世界有做不得的事情，也有必须要做的事情"，比如打人是做不得的。即使是特殊儿童，我们也需要给他们确定行为的边界。

我刚开始给他左右两边安排两个乖巧听话的女孩和他并排坐，但他会突然打人、拧人。这两个孩子不会还手。但我作为教师觉得这两个孩子有点委屈。就跟妈妈打招呼：我不能这样安排座位，我要安排两个厉害点的坐他旁边，肯定会有点……但你不要担心，不会有大的问题。随后我调整座位，两个厉害一点的坐在他两边，他再打人，这两个孩子不会忍让，会还手。刚开始他不适应，但我们慢慢发现，对他有好处。他这时开始观察别的小朋友，模仿和学习，并且和这两个孩子有互动。所以，对于这类孩子不能一味忍让，应该让他习得规则。

管束可能是一种刺激，包容也可能是一种纵容，单纯的管束或者包容，都不是绝对的好的教育方法。学前融合教育中的普通儿童不必被教育、被要求要"因为他特殊，所以要让着他（他们）"。因为"包容是一个很累的姿势，谁都承受不了很久"①。

无论多么幼小或者有残障的人，都不是任何他人或组织的所有物，而是有独立生活尊严的人。② 而具有独立生活尊严的人，需要确立自己和他人之间的界限。

三、学前融合教育中的幼儿教师是帮助孩子塑造人格的人

在幼儿园生活中，如果特殊需要儿童有一定的能力，教师可以把融合的内容扩宽，给具备一定能力的特殊儿童提供机会，提供给他们帮助别人、给别人带来欢笑的机会，让特殊儿童在这个关系流动的过程中接纳自己，并被他人接纳。冷漠和惩罚不是融合教育的正确打开方式，而刻意纵容，一味忍耐也会导致特殊需要儿童和普通儿童双方的敌意。"只有当同伴彼此相互协助，而没有谁是'上司或楷模'时，最好的关系才能发展出来。"③就像我国台湾地区融合教育专家吴淑美教授在面对柴静的访谈中所说"这种东西（普通儿童理解特殊儿童的详细的规矩）不能教，他（普通儿童）用看的，看到大家的需求"。因此，吴教授在台湾地区办了二十多年的融合教育，教师只对学生说人和人相处要设身处地地去考虑他人的感受，没有普

---

① 柴静.大人怎么生活，孩子就怎么游戏.http：//blog.sina.com.cn/s/blog_48b0d37b0102etnq.html.
② ［日］津守真.幼儿工作者的视野：置身教育实践的记录［M］.刘洋洋译.上海：华东师范大学出版社，2012：95.
③ 李晓燕.同伴型优势视角：融合教育背景下孤独症幼儿语用交互支持方略探索［J］.内蒙古师范大学学报（教育科学版），2014（4）：46.

通孩子向教师抱怨，因为没有教师"要求"他们应该怎样对待特殊儿童，甚至也不奖励。"他自愿的话，自己会得到乐趣"。"不要要求每个人都变成一样，这样给他们的空间是比较大的"。

学前融合教育中，幼儿教师需要对自己的角色有着明确的定位，才能不去一味地迁就特殊需要儿童，不去规定或要求普通孩子一味地包容，不去给自己提太高的要求。而是沉下心来，好好做自己。真正成为儿童成长路上的"支持者、引导者、合作者"，帮助儿童获得自己与他人之间的界限，帮助他们获得独立的生活尊严，帮助孩子塑造自己真实的人格。

在人与人的任何一种关系中，都需要各方能做真实的自己。关系中的各方都有自己的权利和自由，尊重彼此，让各方都能自在地成为他们自己所喜欢的样子。因此，我所欣赏的教师和特殊儿童之间的关系，是有坦然的成分的。甚至教师和某些特殊儿童之间也有可能形成一定程度的惺惺相惜的关系。在融合幼儿园的日常生活中，赞叹有时，抱怨有时，进步有时，退步有时，批评有时，赞扬有时。通过观察教师和特殊儿童之间的关系，其他幼儿潜移默化地模仿，接近有时，冷落有时；忽视有时，重视有时。

综上所述，学前融合教育必须符合人性的伦理体系。学前融合教育为特殊儿童和普通儿童以及教师提供了一个丰富的发展环境。在这个融合的环境中，儿童的生命与真实的生活紧密联系。融合教育环境中的各个因素都成为发展儿童潜能的潜在力量，儿童由此进入生活，进入真实的世界，并在其中不断认识他人，找到自己。从这一意义上说，"教育正是借助于个人的存在将个体带入全体之中。个人进入世界而不是固守着自己的一隅之地，因此他狭小的存在被万物注入了新的空气。如果人与一个更明朗更充实的世界合为一体的话，人就能够真正成为他自己。"[①]

---

① [德]雅斯贝尔斯．邹近译．什么是教育[M]．北京：生活·读书·新知三联书店，1991：54.

第三节 对融合教育中特殊需要儿童教育安置方式的讨论

在学前融合教育过程中,教师经常困惑:融合教育理念确实很好,但这个特殊需要儿童是否适合我们普通的班级?真正的融合教育需要教师和幼儿的接纳,教师可以理解并真正接纳特殊需要儿童。但幼儿之间的真正接纳必须建立在双方自愿、理解、对等的基础上。有研究指出:普通幼儿对残疾人的接纳态度持消极与积极并存的状态。他们一方面不喜欢残疾人,害怕残疾人;同时又愿意和残疾小朋友一起玩耍。这可能与普通幼儿在社会交往上更倾向于与年龄相仿的同伴互动游戏的特点有关。① 本研究也同样发现:真正的幼儿同伴之间玩到一起是以特殊需要儿童具备一定的能力为基础的。学前融合的过程是特殊需要儿童在普通幼儿的集体中模仿、学习、泛化自己已有的知识和生活技能,并提升自己的过程。

YY上课会下位和发出尖叫,但在教师和外婆的提示下能够有意识地控制自己;在自由游戏过程中,能够听懂幼儿的语言并进行有意义的互动。例如:

YY选择的是甜品店,他很忙碌地布置柜台。一女孩过来主动问:"你想要什么?你想要这个吗?"一边问一边手指产品图片上的"慕斯"。女孩答:"我想要这个。"手指珍珠奶茶。随后他去另一个地方搬了一篮子蛋糕回来。回来后一顿忙碌。对女孩说:"这边没开门。"女孩:"怎么又没开门啊!"女孩走开。一会儿女孩又回来问:"你要什么蛋糕?"一边问一边翻找篮子里的蛋糕,拿出一个问女孩:

---

① 刘颂,钱红,付传彩. 北京市学前融合班级中普通幼儿对残疾的认识与接纳态度[J]. 中国特殊教育,2013(10):3-7.

"这个行吗?"女孩拿走。

走廊上的音乐响起，YY立刻忘记了自己的工作，把东西扔下，跑出去看外面四个小姑娘在随着音乐翩翩起舞。

YY自由游戏时在小吃一条街看到自己喜欢的东西，直接用手去拿。结果遭到店主的排斥以及"关门了"的反馈。陪读的婆婆反复提醒他：不能动手！他握住自己想要伸出去的小手，转而用语言与小吃店店主表达：我想要这个！

从案例中可以看出，YY能够听懂指令，并有意识地按照指令规范自己的行为；能够用语言与他人沟通；在此基础上，他才能够在融合的环境中与其他幼儿沟通，进行交往，一起游戏，一起学习，一起生活，从而真正地在融合中提升自己的能力。而另一个特殊需要儿童TT，虽然和同伴坐在一起玩建构区玩盖高楼的游戏，但是互动较少，而且互动质量不高。

自由游戏开始了。TT自己选择了建构区。建构区的砖头是教师用灰色的纸张糊在抽纸盒上做成的，特别像真正的灰色的砖头。

但TT不会像同伴那样交错垒城墙。他只会像小班孩子那样把一块砖搭到另一块砖的上面，整齐对好。但其他孩子是上下两块砖一层一层交错垒的。TT搭了两块，遭到反对。一男孩对他说："不是这样的，走开！"TT站在砖墙前，伸手做推砖墙的动作，但没有真正推。其他孩子一致"哎呀——"，但没有找老师告状。虽然孩子们不满，不高兴，但不理他，重新砌砖墙。TT偶尔过来，一会儿玩玩具，一会再跑到砖墙前伸手一推或者伸出手来，反复推倒了四次砖墙。所以，TT每次站过来，孩子们都很紧张。

贝贝："TT，这次你不许再碰了。"TT走开，拿过来一辆小汽车。

贝贝："TT，你怎么玩起车来啦？"TT不说话，继续玩。玩了一会儿，站起来，在城墙前。

贝贝："哎呀！TT，你别推（砖墙）。"TT捡了一块砖给贝贝，贝贝拿去砌城墙。

TT又站在城墙前，两手做出要推的动作。贝贝："哎呀，不能推。"手势做出不要的样子。TT走开，后来又转回来。老师站在旁边教贝贝要和TT说。

贝贝一字一顿很有耐心地对TT说："TT，不能推倒！TT，不能推倒！"同时伴随"不能"的手势动作。

TT走开，过了一会儿又回来。两手又做出要推的样子。三个小孩一起大声叫喊反对："哎—哎—哎！"TT停止，走开。TT拿了一块积木敲打另一块积木。在地板上发出很刺耳的声音。

老师说："TT，不要敲！不要敲！太吵了。"TT不敲积木了，但开始拿着两块积木敲击地板，发出刺耳的声音。一男孩走过来，什么也没有说，把他手里的积木拿走。TT重新又另外拿了两块积木，互相敲击，撞击地面。没人理他，过了一会儿，他又站起来，来到城墙边。

一孩子大声说："TT，又来了。"另一孩子说："TT，我们不欢迎你来。"TT："收了。（意思是该收玩具了）"贝贝："没有收，没有收，走开。"一边说话，一边用手推TT，示意他走开。

TT走开，拿了一个熊的玩具、汽车和积木，轮流敲击地板。

TT又来到城墙边，一男孩立刻对他说："不能推，不能推。"男孩把自己两只手里的汽车给了TT一个，放在地板上说："你玩一个汽车吧！"TT拿起汽车，在地板上滑了两下。

随后TT又站起来，站到城墙前，两手做出要推的样子。老师立刻跑过去把他拉走，说："不要推，不要推。"TT拿起一大块积木在敲击地板，发出很吵的声音，贝贝过来拿走积木并对他说："不敲，不敲。太吵了。"TT又拿起另一块积木，敲击地面，发出很吵的声音。老师把手指放在嘴巴上说："嘘，不能敲。"老师把积木拿走。

TT站到砖墙下，突然砖墙倒了，砸到TT身上。TT站起来很恼怒地胡乱打砖，三个孩子一致说："TT，你推的。"老师过去说："不是 TT 推的，我看见的，他在玩。"孩子们一听老师的话，也就不再追究。一女孩过来对老师说："收吧，下班了。"老师说："好的，下班了。"

但同样的教学和自由游戏时间，另一个特殊需要儿童 JJ 却在教学时间以及其后的自由游戏时间里，教师不主动和他打招呼的状态下，一直沉浸在自己的世界。

9：20 集体活动：

教师请"小朋友坐坐好，小眼睛看着老师。"JJ 不看，眼神四处游荡。教师转过身来，直接面对他，把两只手指圈成眼睛的样子，放在自己的眼睛上，做成眼睛的样子。和他面对面，对他说："JJ，看着老师。"他嘴巴发出一连串的听不懂的语言"bi dong bi dong li li li li ……"声音较大。

TT 正式上课前发现座位需要调整，站起来。用动作往上拉他，他站起来。调整好座位后对他说："看着凳子坐，JJ。"他一边坐下，嘴巴发出一连串听不懂的语言"bu dong bui dong ……"声音较大。

坐下后，嘴巴念念有词一会，教师一开口上课，他突然大声喊："ai（先升后降平的语调）bi xi bi xi ……"打断了教师的教学活动。

教师转过身来，把手指放在自己的嘴唇上，做出"嘘"的动作，指示他安静。

……

上课过程中，他自己侧过身来，把脚伸到右边。他的右边没有其他小朋友，他是教师左边第一个。离教师有一定的距离。JJ 坐在椅子上，一边看着自己的两只手，一边嘴巴里发出"e e e ……"的声音。课堂教学过程中，他毫无征兆地突然大叫一声："ao！"配班教师走过来，把手指放在嘴巴上，提醒他不能叫。同时提醒他把腿放好。他坐在椅子上，身体后仰，头往上看。两手放在眼睛上方看着，嘴巴里发出"bin gou bin gou ……"的声音。然后坐坐好，轮流看着自己的两只手。

9：28 他突然站起身来，原地转了两圈上课后坐回自己的小椅子上。看着自己的两只手，嘴里念念有词，但声音较小。左手伸向左边的男孩子，不小心碰到男孩子的胳膊。男孩子一边听讲一边把他的手推开。他继续坐在椅子上，身体后仰，头往上看。两手放在眼睛上方看看，把手放下，看着天花板。

保育员老师走过来对他说："小便去吧。"并用手指向盥洗室的方向。他站起来走向盥洗室。（教师需要定时提醒他小便）小便回来，背对正在上课的老师，一只脚站立在椅子旁，另一只脚弯曲在椅子上，头低下，看着自己的手。然后坐下，还是看着自己的两只手。

集体活动结束，自由游戏开始：

9：35～10：15 他一直在玩自己的手，自己一个人坐在自己的小椅子上。

9：45 老师端来水杯，右手拿着水杯，左手拿张抽纸，拿着杯子碰碰他的嘴巴，说："啊，啊！"他张开嘴巴，TT给他喂一口水，然后擦擦他的嘴巴。然后再提醒他"啊，啊"。他再张开嘴巴，再喝一口水。如此反复多次，一口一口喂他喝水。（这个孩子不会自己用两只手端着水杯喝水。老师不主动帮他喝水，他既不会主动要求喝水，也不会喝。既没有主动喝水的意识，更不具备自己喝水的能力。）

老师看他一直是自己一个人在玩手。主动招呼他："JJ，过来，坐下来。"老师把他的小椅子搬过来放在桌子旁边。桌子旁两个小朋友在看书，这里相当于阅读角。老师："JJ，去拿本书看。"JJ去书架上取下一本书来。但一直在玩书，而不是看书。先是站在书架旁，把书翻来覆去放在手里转来转去。把书放在手里翻来覆去地把玩。他一直一个人坐在自己的小椅子上玩书。偶尔对着书，嘴巴发出听不懂的声音"jiu ji ju jiu……"或者念念有词。JJ一个人坐到10：50。游戏时间结束，老师在和小朋友反馈今天自由游戏的有关问题。看到一个人，突然扭头对他说："JJ，外婆来接。"JJ立刻站起来，跑到门口，外婆把孩子接走。

第五章
结论与讨论

游戏是儿童的天性，是所有孩子都喜欢的活动。而三个特殊需要儿童游戏中的表现各不相同，差别极大。三个儿童都是同一类型的孤独症谱系障碍儿童。YY 和 TT 是中班，JJ 是小班。第一个孩子 YY 特别喜欢玩游戏。教师反映那段时间他最喜欢角色游戏，每天早晨一到班级，就把自己的游戏卡插到角色游戏的袋子里去。虽然在游戏过程中，他会被其他孩子的活动所吸引，比如听到音乐的声音，就跑去看"小舞台"，听歌曲；在游戏过程中，也会有不太遵守规则的行为"看到自己喜欢的东西，直接动手去拿"，但在成人的引导下，他还是能够遵守规则，并完成游戏活动。

整个过程，给研究者的感觉是和其他普通孩子一样，大家都在抓紧时间玩，他一直很忙，根本停不下来。游戏过程中的同伴互动是有效的、有意义的。而 TT 的表现就有点差强人意，虽然他也很喜欢玩建构区的砖头，但很明显 TT 的建筑方式和其他同伴不同，有一定的差距。出现问题后他不懂得该怎么沟通，只会搞破坏——"推墙"。大家都很忙，忙得根本顾不上管他，他就只有自己玩自己的游戏——"敲击玩具"，他在百无聊赖的情况下希望通过"做坏事"吸引大家的注意，可以和同伴玩起来。但 TT 既缺乏相应的社交技能，"搭砖墙"的方式也与其他孩子明显不同，能力不对等，因此即使他和同伴有互动，但互动质量并不高。他没有学会同伴的游戏方式，也没有在被拒绝中寻找合适的互动方法。

但从另一方面来看，其他孩子并不一定没有任何收获。比如贝贝一直在"关照"TT，在多次"做坏事"后，一男孩想到"送给 TT 一个小汽车"的办法试图来吸引 TT 的注意力，希望他不要"捣乱"。最后一个 JJ 完全沉浸在自己的世界里，无论和教师还是和同伴，都没有主动的交流互动。如果说 TT 的行为还是有积极作用的，就是在这个过程中，他还是在想办法尝试"打入敌群"。但 JJ 甚至连"和别人玩"的欲望都没有，更没有"做坏事"的行为。从特殊需要儿童发展的角度，从表面来看，好像这样的融合教育，对 JJ"没有明显的效果"（教师语)。但"明显的效果"是外在的显现,而 JJ 融合只有一年的时间,我们并不能够现在就说"有用"或者"没有用"。

YY、TT 和 JJ 都在学前融合教育班级中,但他们的表现是不一样的,学前融合教育的效果没有表现或者看起来很有限,是否我们就可以判定学前融合教育是无用而放弃融合呢?

研究者认为,教育本身就是一件当下看起来"无用"的事情,它不是为了满足当下而存在的。在上述例子中,教师们所希望看到的特殊需要儿童与普通儿童之间的互动或者能力的提高暂时没有显现出来,但并不代表学前融合教育没有意义。对于他的同伴来讲,十年、二十年以后,当在工作、生活中遇到类似的特殊需要群体,他们会记起他们这个曾经的同班同学。道德教育是作为一种社会生活方式的学校教育的核心概念。最好的和最深刻的道德训练恰恰是人们在工作和思想的统一行动中与别人发生适当的关系时,而被体验和经历着。① 学前融合教育就是给孩子们创造一个可以认识与接触与自己不一样的人的机会。在这个环境中,与自己不一样的儿童发生适当的机会,从实际的交往中体验和经历着道德教育。

已有的研究表明,学前融合教育促进幼儿对他人的注意和交往中友好、接纳行为的发生;学前融合教育促进了幼儿的主动帮助行为;学前融合教育对提高男生对他人的关注、消除关注的性别差异上有着显著的促进作用。② 在听障儿童的学前融合教育中,研究人员发现,普通幼儿比成年人更容易从内心接纳聋儿,在他们眼中,聋儿所佩戴的助听器和普通幼儿戴的眼镜没有什么区别。幼儿的这种想法在一定程度上也影响和促进家长理念的转变。③

---

① [美]约翰·杜威.我的教育信条[M].彭正梅译.上海:上海人民出版社,2013:4.
② 王宇.学前融合教育促进普通幼儿亲社会行为获得的实验研究[D].华东师范大学,2011:57-61.
③ 顾瑞华.合作办学:聋儿学前融合教育的实践与思考[J].华东师范大学,2011(4):9-11.

第五章 结论与讨论

　　学前融合教育的存在并不仅仅是因为它能够给儿童带来短期的效果，它的意义远超于此。它深刻地反映了社会的发展和进步，是教育公平和教育民主的体现。学前融合教育满足特殊需要儿童作为一个儿童的基本权益，促进他们适应社会，发展他们生命的潜能，蕴含着对特殊需要儿童充分的人文关怀。诺丁斯认为关怀是人与人之间积极生活关系的生发点，具有接纳、融人于己的双向建构的关系特点。从关怀出发的学前融合教育不仅使教育中的儿童相互接纳，师幼相互接纳，家长相互接纳，同时也使教育中教师、儿童和家长融人于己。教师、儿童和家长都在具体的教育事件中感受、行动和思考，体验每个个体的独特价值。学前融合教育真正实现了教育自觉植根于儿童的生活世界，不仅植根于特殊需要儿童的生活世界，也同时植根于普通儿童的生活世界，植根于真正的多样化的差异化的世界。在教育平等日益深入人心的今天，我们需要给予特殊需要儿童更多的融合普通群体的机会。我们所追求的教育制度应该是一种能为每个儿童提供最佳机会的制度。我们希望所有的孩子都能够享有他们应该享有的受教育权。

　　借用美国作家雷蒙德·卡佛的成名作《当我们讨论爱情时我们在讨论什么》的语言句式，我们讨论学前融合教育中幼儿教师的融合教育历程时我们在讨论什么？我们讨论学前融合教育，是在讨论一种社会价值观带来的儿童观、教育观和教师观，讨论在这些价值观念下的教师和儿童，讨论在这个社会中每一个我以及我们，讨论我们生而为人，共同的命运。我们讨论学前融合教育环境中幼儿教师的融合教育体验，并不是进行价值判断，也不是随便开个"包治百病"的学前融合教育药方，指导融合教育环境中的教师们"你们应该怎么办"，而是希望通过借鉴别人的经验，幼儿教师能够自己思考"我们可以怎么办"。

　　鉴于学前融合教育中特殊需要儿童的障碍类型以及障碍程度的巨大差异，在学前融合教育的具体形式上，幼儿教师可以灵活使用各种融合的方式。教师可以引导,可以示范,但不可以要求、命令普通儿童必须照顾特殊需要儿童。自由游戏时特殊需要儿童和普通儿童玩不起来,原因可能有多方面。比如双方能力不对等,特殊需要儿童缺乏相应的社交技能。那么在集体教学活动时间和自由游戏时间,教师可以把特殊需要儿童带入年龄较小、认知能力相近的小班幼儿的环境中,尝试根据特殊需要儿童的能力融合进入不同年龄的班级。

李晓燕在学前融合教育环境中高功能孤独症儿童语用交互情况研究中指出,同伴型优势视角对于高功能孤独症儿童个案的语用交互起来很好的支持作用,其效果优于其他类型的同伴交互,也优于教师优势视角。同伴型优势视角的形成条件:能力的互补带来的平等感以及情感基础产生的真诚感。① 研究中的高功能孤独症儿童最喜欢的交往对象既不是已有研究中所指出的教师,也不是能力特别强的普通儿童,甚至不是能力更弱或者跟他自己能力发展水平相近的特殊儿童,而是班级中一位能够与自己形成能力互补的轻度智力障碍儿童。二人从对方身上发现自己所需要的东西,彼此互补。他们分别在生活情境与游戏情境中分别主动担任对方的"小老师",无论在能力模式还是在情感相依模式上,真实、自然、自我,互有归属感。

因此,在享受公平的受教育权的基础上,学前融合教育的形式应该是多种多样的,而不能简单划一,不能为了"融合"而"融合"。"澄清民主与教育的关系甚为重要。在此问题上坚持死板的整齐划一必将成为一种灾难。"② 这个世界是丰富多彩的,儿童有"一百种",教育的方式也应该是多种多样,而不应该是完全一样的。

---

① 李晓燕. 同伴型优势视角:融合教育背景下孤独症幼儿语用交互支持方略探索[J]. 内蒙古师范大学学报(教育科学版),2014(4):43-46.
② [英]罗伯特·罗素. 教育与美好生活[M]. 杨汉麟译. 石家庄:河北人民出版社,1999:2.

第五章 结论与讨论

　　面对教师针对儿童的需要提出的特殊教育康复和训练的建议，家长需要重视并积极行动；而面对不同的特殊需要儿童，教师也需要认真观察，了解儿童各领域的发展情况，以及特殊需要儿童与同龄普通儿童各方面的发展差异，在全面、客观的基础上与家长讨论特殊需要儿童的学前融合教育方案。对于能力较强的特殊需要儿童，一日活动全部融合的形式比较适合；但对于各方面能力和班级其他儿童有较大差距的特殊需要儿童，我们需要在实践中探索多种方式进行融合：半日融合或者根据特殊需要儿童的能力水平，采取部分活动融合，部分活动单独进行康复训练的形式也是切实可行的融合形式。

　　教育从来都是"因材施教"，根据自己和儿童的实际情况在教学中有所选择和行动是教育永恒的法则。在这个妙趣横生、光怪陆离的世界上，永远没有放之四海而皆准教育的"灵丹妙药"。也许，这也是教育吸引我们进行不断探索的原因。

第六章　学前融合教育的建议与思考

第一节　给融合教育班级幼儿教师的建议

学前融合教育从刚开始的举步维艰，到今天整个社会倡导"关心特殊教育"。社会在进步，幼儿园中的孩子们在发生变化，越来越多的特殊需要儿童进入普通幼儿园，幼儿教师也需要根据时代和现实的要求做出相应的改变。

一、心理上：调整心态，接纳孩子

从内心深处调整心态，接纳孩子是学前融合教育中最重要的一点，但却常常被学前融合教育教师们忽略。融合教育中表现最突出的问题是特殊需要儿童的教学，因此学前融合教师首先关注的问题是特殊需要儿童的教育教学。"我怎么教他啊？""怎么接纳呢？"教师们很着急，花费很多时间去学习各种教学方法、教学技巧、制作教具以及班级管理，但经常被教师们忽略的也是最重要的一点是：面对一个孩子，最重要的是什么？既不是教学技巧，也不是教学方法，而是接纳的心态。教师内在对特殊需要儿童是否接纳的心态以及反映其态度的行为，才是影响特殊儿童在班级的成长以及其他幼儿对特殊儿童态度的最重要的原因。只有在真正接纳的基础上，教育才能达到三个根本条件：爱和关心；对孩子充满希望；以及对孩子的

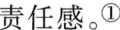

责任感。①

在访谈教师的过程中，她们经常让我想起一个故事：一个小男孩在退潮后的沙滩上捡小鱼，看到一条小鱼就把它捡起来扔回大海，沙滩上全是小鱼。有人就跟他讲，你一个人怎么捡得过来？这个小孩说，对这条我扔回大海的小鱼来说，这就是全部。我们不能做需要很大能量的事情，但是我做好我自己的事情，力所能及做好自己的事情。

学前融合教育教师所做的就是沙滩上的小男孩所做的事情，力所能及地做好自己的事情。教师力所能及地做好自己的事情，班级中的普通儿童也就能够做好自己力所能及的事情。班级中普通儿童对特殊需要儿童的接纳首先建立在教师的理解和接纳基础上。孩子们能够非常敏感地觉察到教师真实的想法，教师说出来的话哪句是真的？哪句是假的？如果一个孩子在班级里是被同伴们接纳的，他必须首先是被教师接纳的。

接纳并不仅仅停留或者局限于语言，必须落实到一日生活的行动中。通过观察和模仿，孩子们才能习得如何接纳，以及怎样接纳这个与自己不一样的同伴。要让同伴接纳特殊需要儿童，教师首先需要调整自己的心态，从心底真正接纳孩子的不同。改变自己，改变自己对孩子的态度以及行为。接纳孩子在我们看来的不完美，确实很难。只有真正从心底接纳孩子的不完美，学前融教育合教师才不会痛苦。有的教师能够在较短时间内调整好自己的心理状态，通过园长、家长、医生、特教教师等各种渠道多种方式获得有效的帮助，以积极的行动支持自己和特殊儿童以及班级普通儿童的成长。这段自我调整历程的长短与班级特殊儿童的数量、幼儿教师对融合教育的态度、幼儿教师已有的特殊教育经验、园长的支持、家长的配合以及教师个人的特质有很大关系。

---

① ［加］马克斯·范梅南著. 教学机智——教育智慧的意蕴［M］. 李树英译. 北京：教育科学出版社，2013：87－94.

特殊儿童家庭中的父母，基本都经历了一段从拒绝接受和逃避到逐渐面对现实接纳孩子的过程，何况我们的教师？幼儿园教师面对的是天真可爱活泼的正常儿童，突然必须每天接受和面对一个与正常儿童相比有较大差异的特殊儿童，刚开始心理上有点接受不了，是可以理解的。但经过一段时间，教师要学习调整自己，像家长那样面对现实。自己的班级确实存在一个特殊儿童，和别的普通孩子有很大不同。因为有这么一个孩子，您要付出几倍的心力进行班级常态管理。诚实面对自己，了解自己面对特殊儿童的心态，是厌烦的还是接纳的？然后进一步思考厌烦的心态会对自己和特殊儿童的行为和关系以及对其他普通孩子对特殊儿童的心理和行为产生什么样的影响？接纳的心态会对自己的教育行为以及班级其他孩子对特殊儿童的行为和关系产生什么样的影响？接纳自己的一切情绪，理解自己的负面情绪，调整自己的心理和行为。

二、行动上：以身作则，做好表率

以班杜拉为代表的社会学习理论认为，儿童通过观察模仿习得社会行为。在儿童的观察学习中，他们比较容易模仿地位高的人的行为，容易模仿受到奖励的行为。在儿童的世界中，教师是他们生活里地位最高的人，教师也最容易成为他们模仿的对象。因此，教师的教育行为非常重要。在对特殊儿童的教育过程中，需要更长时间的耐心和等待。耐心和等待的心态很重要，不能着急。教师的心态要放松，孩子感觉到放松的气氛，才有学习的意愿和可能。比如每天要求孩子离园前和老师说"再见"，普通幼儿基本不必重复。但特殊儿童必须日复一日地重复，教师每天都高兴地和孩子挥手说"再见"，得不到回应的时候也要坚持。有的教师会着急，这个孩子怎么啦？教了这么多遍，这个孩子都还没有学会。如果教师在家长的面前喋喋不休地抱怨孩子，孩子感觉到教师的焦虑，就更不容易按照要求去做。有的特殊需要儿童上课的时候会突然大喊大叫，教师的严厉指责、发火、生气都是没有用的。此时，幼儿教师怎样处理这样的突发状况，就成为普通孩子模仿的范型。教师的行为，普通孩子都看在眼里；某一天当教师不在时，他们就会表现出教师对待特殊需要儿童的方式。教师的行为就表现为普通儿童的行为。教师如何进行教育，孩子如何生活。

三、积极与家长沟通，家园融合进行教育

在具体的幼儿园实践过程中，幼儿教师会比较容易发现个别幼儿不仅不太会说话，也不太会吃饭，很多方面都和其他孩子不太一样。幼儿教师需要谨慎地进行仔细观察，并做好详细的观察记录。在特殊儿童入园最初的一段时间，当教师发现儿童出现某些与其他儿童明显不同之处，就需要特别注意和特殊儿童家长的沟通，主要内容是了解儿童在家庭的表现，与儿童在幼儿园的日常表现进行对比，了解其不同表现背后的可能原因。必要的时候，教师可以与家长联系，进行有家庭成员在场的家访，进一步观察幼儿在家庭中的具体行为表现。

因为学前儿童的行为情绪、语言、动作、生活自理以及社会适应能力发展的外部特征非常明显，个体差异较大，所以幼儿教师可以有重点地观察疑似特殊需要儿童这五个方面的具体表现，在观察的基础上做好详细的记录。抓住以上五个方面在园的具体表现与其家长沟通，能够在很大程度上帮助家长客观地认识自己的孩子。从观念上愿意配合幼儿教师，尽可能地帮助特殊需要儿童在园的成长。

由于专业所限，家长们并不了解儿童生理以及心理发展的正常范围，如果儿童没有明显的器质性疾病，家长一般不会认为孩子属于特殊需要儿童。他们大多会认为所有儿童就应该是自家孩子这样的。祖辈也会对家长说"你小时候也是这样的"。如果有一天教师突然告诉他们"你们家的孩子需要去医院检查检查"，家长一般都不能够立即接受。因此，幼儿教师在与特殊需要儿童家长沟通交流时，

需要注意以下几点：

首先，需要端正态度，坚定立场，坚持到底。站在"一切为了促进幼儿发展"的立场上，幼儿教师需要充分考虑家长的感受，与家长沟通时字斟句酌；同时也需要秉持一份对生命的敬畏的态度，在日常生活中仔细观察特殊需要儿童的行为表现，做好详细的观察记录。幼儿教师与家长沟通时，如实描述儿童在园的具体表现，不夸大扭曲，不做无中生有的添油加醋。教师可以直接提出具体操作可行的建议，但不做评判，不做诊断。教师在融合教育过程中不仅需要坚定信念，还需要坚持再坚持，通过教师的坚持感染家长。一旦孩子诊断为特殊需要儿童，在学前融合教育过程中，教师需要具有自己的专业自信，立场坚定地引导普通儿童家长、教育普通家长。不能在普通儿童家长的抱怨、反对声中放弃自己的专业自信，幼儿教师可以用自己的坚持、自己的努力、普通孩子的进步这些具体的行为一点点转变家长的观念。

其次，家园沟通需要时间也需要讲究方式方法。任何一个孩子在自己的爸爸妈妈眼里都是天使！爸爸妈妈对自己的孩子充满了无尽的包容。因此，特殊需要儿童的异常行为，在某些家长眼里却是正常的。也有的家长并不是一点点都不知道自己的孩子可能有问题，但侥幸心理总是会让他们选择逃避问题。

面对幼儿教师对自己孩子各种各样的指控，多数家长一时接受不了。于是，"不承认，不配合"是特殊需要儿童家长与融合教育班级幼儿教师沟通的典型表现。遇到这种情况，幼儿教师需要给家长一些时间调整自己的观点去重新认识自己的孩子，同时教师也需要采取多种方法和家长沟通。

事事从家长的角度出发，尊重家长的情感，理解家长的顾虑，消除家长的顾虑，是做好特殊需要儿童家长工作的重要一步。在争取家长配合的过程中，幼儿教师也需要给家长一些调整自己的时间，不着急，不抱怨，有点耐心。通过自己的坚持和适当的家园互动，得到家长的认可和支持。

四、创造融洽的班级氛围

特殊儿童进入普通班级进行融合教育,由于他们的障碍类型和障碍程度不同,与教师及同伴的互动方式不同,接受刺激及与环境互动的能力不同,他们本身障碍确实会给他们与教师及同伴的互动带来问题,也会给教师的教学带来实际的困扰及压力。因此,如何提供合适的支持和教育方式,使得特殊儿童在普通班级能够得到相对适合的教育服务,获得能够满足其需求及促进其发展的各种支持,确实是融合教育班级教师面临的重大问题。在学前融合教育的班级管理中,幼儿教师需要做到以下几点:

(一)争取同事的理解和配合

有效的融合教育,不仅需要政府部门的正确的教育政策指引,同时还需要学前融合教育班级内部人与人之间有效的互动。或者说,教师为特殊儿童所创设的互动环境是学前融合教育是否有效的关键。而创设有效的融合教育环境,来自教师的特殊儿童观、特殊教育的观念以及教师协调班级幼儿、班级家长(包括特殊儿童家长和普通儿童家长)以及与争取幼儿园领导及同事支持的能力。

1. 争取领导的理解和支持。

在融合教育过程中,融合教育教师必须调整自己,学习新的教育理念、发展新的教育方式。而这些转变,都不能由一个幼儿教师或两个幼儿教师在每天面对三十多个幼儿的同时单打独斗地、以摸着石头过河的方式完成,幼儿教师必须争取幼儿园领导的理解和支持。一个或者两个幼儿教师背负这些超过他们精力所限的压力会无所适从,也可能会自我放逐。但如果这些压力能够在幼儿园管理者的支持和指导下,组织幼儿园内部的教师顺应这场变革,那么,学前融合班级教师就能在多方支持下短时间内转变观念,调整教育行为。

具有融合教育意识的园长，能够主动为融合教育班级教师搭建一个充满支持性的平台。例如，时不时去融合教育班级看看，帮助融合教育班级教师照顾特殊儿童。当特殊儿童跑出班级（这种情况孤独症谱系障碍儿童较多），园长和其他班级教师主动告知融合教育班级教师"孩子在我这里"，并提出"让他在这里玩一会，等他玩够了，我再把他送回去"。学前融合教育班级教师教育行为的改变代表的不仅仅是一个教师的发展和变化，它在一定意义上代表了整个幼儿园变化的历程和结果。

2. 争取配班教师的支持和配合

在访谈过程中，教师们都提到自己配班教师的支持和配合的重要性。学前融合教育需要教师创设一个接纳的心理环境。儿童的观念和行为都需要大人的引导，特别是心目中的权威——教师潜移默化的熏陶。如果没有配班教师的支持和配合，单纯靠主班教师一个人的努力，是不可能创设一个接纳的班级环境，更不可能将融合教育的观念落实到现实的教育行为中。

建立在主班和配班教师关怀、理解、鼓励、包容基础上所有教师的身教示范，是创设接纳的班级环境最主要的因素，也是提升特殊儿童能力最有效的方法。争取配班教师支持和配合的方法也很多，其中多和配班教师聊聊孩子的表现、商讨解决的对策；讨论融合教育的观念，分享培训进修过程中的收获都是行之有效的办法。主班教师通过和配班教师共同讨论、协商，决定班级的重要事务，而不是独自一人默默承担，能够增进教师之间的紧密关系，强化配班教师的整体观念，增强配班教师的参与意识。在尊重和平等的基础上教师们更容易搁置分歧，求同存异，为了班级孩子们的成长共同努力。

（二）引导同伴接纳

特殊需要儿童进入普通学校与普通儿童在一起进行教育的融合教育与特殊需要儿童进入特殊教育学校的隔离的特殊教育最大的不

第六章
学前融合教育的建议与思考

同在于融合教育给特殊需要儿童提供了一个与普通儿童进行交流互动的环境,给他们提供了特殊学校提供不了的与普通儿童进行交流互动的机会和可能。特殊需要儿童和普通儿童都通过对方认识到在这个世界上还存在着和自己不同的另外的一种孩子,认识到生命存在的多种可能性、生命的多样性以及生命的丰富性。因此,"融合作为一种促进正常儿童和有特殊教育需要儿童共同发展的教育思想,融合教育强调的正是学生社会关系的重要性"[①]。

随着我国学前融合教育的发展,人们的关注点从最初的两类儿童是否能够"共处"(即简单地在一起)进而更深地探讨两类儿童是否能够彼此"接纳"(即好好地在一起)。而要达到彼此的接纳,首先需要彼此在尊重相异性的基础上存异,进而求同。幼儿园阶段的幼儿很少具备这种高水平的交往能力,特殊儿童的身心发展特点,比如理解他人有困难,交往意愿和能力不足——有一幼儿评价自己的孤独症谱系障碍同学:我和他说话的时候,他看东看西就是不看我,表达能力有限等都会阻碍普通儿童与特殊儿童交朋友的意愿和行为。

研究发现:如果缺乏成人有效、系统的指导,特殊幼儿与普通幼儿的同伴互动明显低于师幼互动,并出现交往难以维持、策略较为简单的特点,特殊幼儿还有可能处于不利的社会地位中。[②] 因此,在实施学前融合教育的班级,为了让普通幼儿园接纳特殊儿童,幼儿教师除了需要自己做好表率,以身作则地由内而外接纳特殊需要儿童外,还需要帮助普通儿童了解和理解特殊需要儿童,引导他们接纳和自己不一样的同伴。

此外,部分融合教育的特殊儿童有家长陪读。这些陪读的家长普遍没有从事教育工作的经验,面对孩子的情绪和行为问题,大部

---

① Rud Trunbul 等.今日学校中的特殊教育(上册)[M].方俊明等译.上海:华东师范大学出版社,2004:26.
② 刘颂,钱红,付传彩.北京市学前融合班级中普通幼儿对残疾的认识与接纳态度[J].中国特殊教育,2013,(10).

分只会采取简单的方式进行干预,比如紧紧抱住突然大哭的孩子。但当孩子出现严重的情绪和行为问题的时候,有的陪读家长在身心崩溃的情况下,会在全班孩子面前用比较极端的方式对待孩子,比如大声责骂甚至动手;也有的家长面对孩子的哭闹,在没有办法的情况下不管不顾,这样的陪读不仅不能帮助孩子,相反还会给整个班级的管理带来一定的难度。教师一面要安抚正在哭闹的特殊需要儿童,一面还要照顾家长的情绪,同时还要眼观六路、耳听八方地管理班级里的其他孩子。因此,对陪读家长进行具体的有针对性的指导也是非常重要的!

五、全面提高自己的教育教学能力

(一)破除专业迷信,从教育的本质来看待学前融合教育

研究表明,在教师专业知识方面,特殊教育专业出身的教师在专业知识方面要略高于非特殊教育专业的教师,但总体来看,非特殊教育专业教师在进校后的工作学习中,时间的积累和自身的努力,其专业发展能力也越来越接近专业出身的教师。① 也就是说,专业出身并不是决定教师专业素质的主要因素,工作过程中自身的积极学习、时间积累和自身的努力才是决定教师专业素质的重要因素。因此,学前融合教育教师需要破除专业迷信,看到无论"特殊教育",还是"普通教育",都是"教育"。

师范教育既需要有专业划分,但同时又不能过于迷信专业。从专业设置的角度来讲,在师资培养过程中,我们需要通过设置不同的专业,体现教育的专业性。比如在师范教育中细致的专业划分:"特殊教育""学前教育""小学教育"。但无论哪个阶段的教育,无论何种教育对象的教育,教育从本质上来讲,有其超越儿童年龄阶段

---

① 徐帅.特殊教育教师专业发展和培训需求的关系研究[D].西南大学,2014:51.

第六章 学前融合教育的建议与思考

以及儿童特点的共同属性。"有教无类""因材施教"。在我们越来越强调所谓专业性的师资培养教育中,我们也不能太迷信专业性,而看不到教育的本质。教育的本质是人的教育,教育是人和人之间的互动。教师和儿童之间的互动过程就是教育。知识的传授、技能的获得都有赖于教师和儿童的互动过程。而这个互动过程决定了教育的效果。这个互动过程的质量并没有我们所强调的"特殊教育"和"普通教育"的专业划分那么强大。任何迷信都会导致我们失去对事物本身的思考。在教育过程中,教师需要有超越"特殊教育""学前教育""小学教育""融合教育"之专业划分的迷信,而代之以"教育"的宽阔视野来看待特殊儿童。

教师无论与特殊儿童的互动还是与普通儿童的互动,从本质上来说,都是一种"我和你"的关系的体现。在互动过程中,"真正的教师与其学生的关系便是这种'我—你'关系的一种表现。为了帮助学生把自己最佳的潜能充分发挥出来,老师必须把他看作具有潜在性与现实性的特定人格,更准确地说,他不可视他为一系列性质、追求和阻障的单纯聚合,而应把他的人格当作一个整体,由此来肯定他。这就要求老师要随时与学生处于二元关系中,把他视作伙伴而与之相遇。同时,为了让自己对学生的影响充溢整体意义,他不仅须从自己一方,且也须从对方的角度,根据对方一切因素来体会这种关系"①。

(二) 主动学习,扩展自己的儿童观、教育观

每个孩子都是不一样的。儿童——不仅仅包括那些天真烂漫、活泼可爱的正常儿童,也包括这些别样的天使们。不论哪种儿童,只要教师细心观察,就会发现他们任何行为都有原因。当教师发现一个孩子的行为异常的时候,幼儿首先需要注意观察该幼儿相应的

---

① [德]马丁·布伯. 我与你[M]. 陈维纲译. 北京:商务印书馆出版,2015:118.

生理发育是否正常。因为每个孩子都从内心深处希望自己成为大人想要的"好孩子","儿童通过'做好孩子'而寻求认可,特别是他们心目中的权威和重要他人——教师和家长的认可。当儿童反复出现异常行为的时候,教师和家长首先应该考虑的是孩子的生理发育水平是否能够达到能力要求。很多情况下,孩子们并不是不愿意按照教师的要求或者违反教师的规定,而是不能。不是心理上的不愿,而是能力上的不足。

作为教师,我们需要多观察,多思考,深思儿童特定行为背后的多种原因,逐一排除。例如某教师发现和某个孩子说话的时候,他总是不看自己,和小朋友说话的时候也是这样,不会面对面注视他说话的对象,而是侧着头。教师特意提示他看某物,儿童把头转来转去却找不到注意的对象,不能回答问题或者经常顾左右而言他。教师首先需要考虑幼儿的视力是否正常,听力是否正常,然后再考虑是否有心理和情绪问题。

有一些孩子会说话,但好像总是不按照教师的指令行事,或者总是慢半拍,教师会很苦恼:这类孩子该怎么办呢?你跟他(她)说话,孩子好像没有听见一样!出现这种情况的原因很多,但其中一个原因是:儿童的听音能力可能不太正常,存在一定的听力障碍。但这种听力障碍的程度并不重,所以在生活中表现不明显。因此,当孩子们出现这种或那种行为问题时,教师先不要急切地给孩子定性为"不听话""呆头呆脑""专门和我对着干"等等,一定要先仔细观察,把孩子的行为做一个详细的记录,提供给家长。请家长带孩子到专业的医院做相关的生理检查,确定孩子的生理发育是否正常。在生理发育正常的基础上,再考虑孩子的心理发育是否在正常范围之内。

(三)学习运用特殊教育策略

1. 关注特殊需要儿童的情绪

儿童的情绪问题是儿童行为问题的重要基础。情绪是儿童自身对内部和外部事物的主观体验。情绪能够帮助儿童适应外部环境更好地生存，在儿童的成长过程中具有极其重要的作用。婴幼儿具有某些先天的情绪机制，随着儿童年龄的增长，他们的情绪体验会越来越丰富，情绪表现方式也会越来越多样。但特殊需要儿童的情绪体验较少，情绪表现方式也比较简单，必须依靠教师的引导和帮助。因此，解决一个特殊需要儿童的问题行为时，教师首先需要安抚他们的情绪。面对一个特殊需要儿童，教师需要在教学中了解他的情绪状态。可以先和他玩，特别是多玩一些互动游戏。以互动游戏为契入点，了解他的兴趣、爱好，才可能进行有效教学。

2. 引导特殊需要儿童调整自己的情绪

在教学过程中，教师可以用语言引导特殊需要儿童，在日复一日的练习中帮助特殊需要儿童学会用语言调整自己的情绪，进而调节自己的行为。面对情绪不稳定的特殊需要儿童，当他们出现情绪行为问题时，教师需要立刻放下教学任务。可以采取拥抱、安抚、玩语言游戏和身体互动游戏的方式，缓解他们的情绪。例如南京市脑科医院从事孤独症教育训练30多年的C医生说，他（孤独症儿童）一有情绪，我立刻放下教学任务，和他（孤独症儿童）玩互动游戏，缓解他的焦虑。一个孤独症孩子进来后，我们一般先和他玩，和他多玩一些互动游戏。安抚特殊需要儿童情绪的方法很多，比如"数数法""深呼吸法"等等。

3. 简化教学任务

在特殊需要儿童的教学中，教师需要学习简化教学任务。在教学过程中，不能给特殊需要儿童安排太难的教学任务。目标的难易程度不仅会影响教学的效果，也会直接影响这些孩子的情绪。刚开始的目标要尽量简单，先让孩子有兴趣，先让特殊需要儿童能够接纳教师。在接纳教师个人后，教师再慢慢调整教学任务的难度。增加一点难度，随时观察儿童的表现，根据儿童的表现随时调整教学的目标和难易程度。

4. 确立"单一目标，多样教具，多种方式，反复强化"的教学策略

针对特殊需要儿童的教学，特别需要"单一目标，多样教具，多种方式，反复强化"；在教学过程中，语言要简短、清楚、缓慢、清晰、明确；说完一句话，需要等一等，需要给他们更多的接收、理解然后做出反应的时间。教学中教师和儿童的位置也很重要。教师要与儿童面对面，让儿童能够清楚看到教师的面部表情、口型。针对特殊需要儿童的个别教育和训练，一对一的教学是教师和家长比较认同，效果较好的方式。在和特殊儿童互动的过程中，仅仅靠语言较难引起幼儿注意。最好的方式是语言和动作并用，才有可能会有效果，手把手地示范效果最好。从一个活动转到下一个活动，需要专门的一个教师帮助。手拉手，带着他们，从一个地点转移到另一个地点。例如晨间锻炼，教师带领全班幼儿从教室走到操场。可以采取主班教师在前面带领幼儿，配班教师用手拉住特殊儿童的一只手，带领他站在队伍的最后走到操场。晨间锻炼后回教室，也需要如此。在条件许可的情况下，对特殊需要儿童的教育建议进行一对一的辅导和帮助。当然，集体活动和小组活动对特殊需要儿童来说也是必不可少的。

六、关注自我的成长

幼儿教师寻求领导的支持，寻求专家的引领，寻求制度的保障，但这寻求之路似乎永远不到尽头，因为在寻求的路上，我们首先需要找到自己。

一切认知的基础，都在于了解自己。① 自我发展意识对一个人的发展是至关重要的。"它以为人不仅能把握自我与外部世界的关系，而且具有把自身的发展当作自己认识的对象和自觉实践的对象。人能构建自己的内部世界。只有达到了这一水平，人才在完全意义上

---

① ［印］克里希那穆提. 在关系中认识自我［M］. 桑靖宇，程悦译. 北京：九州出版社，2014：370.

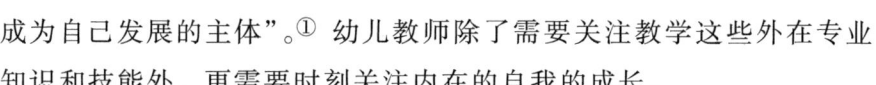

成为自己发展的主体"。① 幼儿教师除了需要关注教学这些外在专业知识和技能外,更需要时刻关注内在的自我的成长。

在学前教育中,我们经常讲"爱和自由"。我们认为孩子需要爱和自由。但实际上,任何东西都不会是无源之水,无本之木,凭空而来。教师给予孩子的一点一滴的"爱和自由"是有源泉的,这些"爱和自由"不会平白无故地流淌出来。教师需要给孩子"爱和自由",作为给予者的教师首先必须自己拥有"爱和自由"。一个人如果自身没有某种东西,即使被要求,他也不可能给出他自身没有的东西。换言之,如果一个教师自身没有"爱的能力"和"自由的状态",她也不可能在被要求的状态下给儿童"爱和自由"。在面对特殊需要儿童时,只有自身具备"爱和自由"能力的教师,才能够让特殊需要儿童和普通儿童享受"爱和自由"的生命状态。

在学前融合教育过程中,那些融合状态较好的特殊儿童,他们的带班教师都是自身具备"爱和自由"能力的散发着充沛的人格魅力的人,感觉实现了自己的人生价值的教师。"人伫立在真理之一切庄严中且聆听这样的昭示:人无'它'不可生存,但仅靠'它'则生存者不复为人。"②按照埃里克森的人格发展学说,人生的每个阶段我们都会面对不同的危机和矛盾,当我们解决了危机和矛盾,我们的人格就发展。人格是个体在环境的相互作用中逐渐形成自我的过程,而自我实现是个体发展的最高需求。

人本主义心理学家马斯洛的需求层次理论认为自我实现的需求是人最高层次的需要,人的最高层次的需要是能够最大限度发挥自己的才能,完成与自己能力相称的事情,实现个人理想、抱负,成为自己所期望的人的自我实现的需要,是包括真善美等至高人生境界获得的需求。

---

① 徐鸿.幼儿园教师专业生活的个案研究[D].南京师范大学,2007:27.
② [德]马丁·布伯.我与你[M].陈维纲译.北京:商务印书馆出版,2015:34.

作为融合教育教师，只有把自我的实现与学前教育过程中遇到的问题相结合，并多方寻找解决之道，才能获得最终的成长并实现自我超越。深深地进入了解自己，而对自己有办法——这是最深奥的学问，最高明最伟大的能力或本领。① 你必须自己开始。假如你自己不以积极的爱去深入生存，假如你不以自己的方式去为自己揭示生存的意义，那么对你来说，生存就将依然是没有意义的。每一件事物都在等待着你去圣化；每一件事物都在等待着在相见中被你发现，在相见中被你实现……②我们每个人都想要在生活中获得幸福。作为幼儿教师，希望能够从教师这份工作中获得职业的幸福。作为教师的专业幸福感并非唾手可得，它不是身份转变了幸福就降临了。"教育是一个使教育者和受教育者都变得更完善的职业，而且，只有当教育者自觉地完善自己时，才能更有利于学生的完善与发展。"③学前融合教育班级的幼儿教师只有在融合教育的过程中，在与特殊儿童和普通儿童互动过程中，有意识地培养自己，锻炼自己，成长自己，才能收获自己想要获得的职业幸福。所以，作为教师，面对儿童，无论是普通儿童还是特殊儿童，我们都必须坚定信念。理想、希望和意志可说是决定一生荣枯的最重要的因素。④

教师的职业幸福不可能来自他处，它来自教师自己一步一步地用心做事，真正从内心深处把工作当作自己生活的一部分，无论遇到什么样的孩子，慎重而又用心地去做工作中的每一点小事。在其中安身立命，才有可能面对问题时不退缩，积极想办法解决问题，也才有可能获得专业成长，并在这个过程中促进自己的生命成长，从而促进儿童的成长。

---

① 梁漱溟. 这个世界会好吗[M]. 上海：东方出版中心，2006：160.
② 转引自[德]马丁·布伯. 我与你[M]. 陈维纲译. 北京：商务印书馆出版，2015：134.
③ 叶澜. 教师角色与教师发展新探[M]. 北京：教育科学出版社，2013：3.
④ 蒋梦麟. 西潮[M]. 天津：天津教育出版社，2008：22.

第六章
学前融合教育的建议与思考

2015年11月"上海市黄浦学前特教20周年回顾展示暨文庙路幼儿园市级课题汇报"会上,华东师范大学周念丽教授发言:如果把他们(特殊儿童)看成"问题",你就会觉得"烦闷""怎么又来了";如果把他们看成"问号",你就会觉得"哇!这是一个多么值得研究的领域"!课题组的俞丛晓园长说:"在做融合教育过程中,我们转变了观念,把'问题'看成'问号'。我们觉得这是一件很愉快的事情。"当把"问题"当成"问号",教师就会在观察了解的基础上尝试理解特殊需要儿童的行为,进而思考解决方法。

例如TT就是记不住事情,告诉他杯子在哪里,他当时能够记住,但第二天来幼儿园,他又忘记了,随手去拿别人的杯子喝水。把它当成"问题"的时候,教师会抱怨:这个孩子怎么这样呢?总是记不住呢?当转变观念,把它当成"问号"的时候,教师不再抱怨,而是思考:他记不住自己的杯子,是什么原因呢?我该怎样帮助他记住呢?观念转变了,教育的思路和方法就会随之发生变化。首先需要分清,他没有拿自己的杯子是"不能"还是"不愿"?这是限于记忆能力较差而导致的"不能",而非"不愿"。既然按照教育正常儿童的只讲一遍的方法对他不适合,那么对于这个经常遗忘的孩子,我们有什么样的方法呢?我们可以通过观察,根据他的喜好给他做自己喜欢的标记。

针对特殊儿童,不能用正常儿童的标准来评价他们和教育他们,必须调整自己的教育方式,采用适合他们的教育方式。在教学过程中,可能班级的其他孩子讲一遍就可以了,就记住了,但对于特殊需要儿童,教师需要采取特殊教育的教育方式:单一目标,多种方式,反复强化。在解决具体的教育问题的过程中,学前融合教师同时转变了自己看待问题的角度和思维的方式,促进了自己的专业成长。

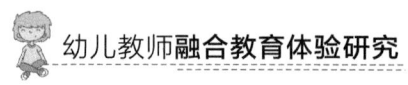

第二节 给教育相关部门的建议

教育永远都不可能脱离社会的政治、经济和文化而独立存在。学前融合教育的发展也不能仅仅依靠幼儿教师,教育主管部门的重视和参与对融合教育的发展非常重要。李晓燕①等用口述史的研究方法对一名在幼儿园从事融合教育工作长达 17 年的融合教育教师进行了个案研究,研究发现学前融合教育教师的专业发展受政府影响较大,特别是政府的模糊态度对教师的消极影响较大。学前融合教育教师关于融合教育师资培训、融合教育政策、资源配合等问题得不到行政主管部门的明确答复,学前融合教育教师的观念和行为就会处于摇摆状态。因此,学前融合教育的发展必然离不开教育主管部门的行政支持。从学前融合教育中教师的需要出发,教育主管部门需要给幼儿教师提供以下支持:

一、建立有效的学前融合教育保障制度

教育总是受社会政治、经济和文化的发展水平影响。一个社会的政治、经济和文化发展水平制约了其对教育特别是对特殊教育的投入。虽然近年来,我国政府对特殊教育的投入越来越多。我国政府正在全面推进全纳教育,尝试形成以特殊教育学校为骨干,以随班就读为载体,构建学段衔接、医教结合,向学前教育和高等教育延伸的特殊教育体系。但在一段时间内,有限的投入是远远不能满足特殊儿童的教育需求的。我国日益增长的特殊儿童早期教育需求和有限的学前教育、特殊教育资源之间的矛盾都将存在。在目前的情况下,这些矛盾都不可能在短期内得到有效解决或者缓解,但我

---

① 李晓燕,张玉敏.学前融合教育教师发展状况的个案研究[J].幼儿教育(教育科学),2015(5):27.

第六章 学前融合教育的建议与思考

们的学前融合教育也不能等待。

解决这些问题最好的方法是制度规范。制度是解决社会中正在发生的问题的最好模式。通过确立一种合适的制度来保障特殊儿童和从事融合教育工作教师的权利,对他们开创性的辛苦工作给予肯定,同时通过各个部门间的合作共同解决幼儿教师在教育过程中遇到的问题,……这些都必须通过制定并且执行合理的制度来确保教育的有效性。

在参与融合教育实践中,融合教育教师多次问过此类问题。"政府会出台相关扶持政策吗?对我们融合教育教师会有评优或者职称评定等的政策倾斜吗?会有特殊教育的教师来帮我们做针对特殊需要儿童的个别化教育吗?当我们遇到困难和问题的时候,政府能来帮助我们吗?……"2016年6月研究者在参加南京市随班就读调研工作时,所有参与随班就读的幼儿园教师基本都问过这些问题。所有这些问题指向一个核心问题:学前融合教育是否有制度保障?或者说,学前融合教育需要政府的制度保障!

"社会制度是社会中最核心的常规,制度是社会模式,是社会发挥功能与解决问题的核心途径,文化通常为制度和结构提供正当性,制度一般情况下则为结构和文化提供支持。社会秩序依赖于制度运行。"[1]学前融合教育不仅仅是一种理念,一种教育实践,更需要作为一整套完备的融合教育制度确立并执行作为保障。学前融合教育的理念不是随便来的,只有制度发生改变,人们的观念才不会是因为个别领导的个别行为而产生的短期因领导需要而做的临时改变,教师的观念需要在制度的引领下发生改变,人们才会认识到应该重视什么,应该怎样去认识和对待那些他们曾经忽视的个体。

根据2000年第五次中国人口普查人口数和2001年中国0~6岁

---

[1] 乔尔·M·卡伦(Joel M.Charon),李·加思·维吉伦特(Lee Garth Vigilant)著.张惠强译.社会学的意蕴(第八版)[M].北京:中国人民大学出版社,2011:110-143.

残疾儿童抽样调查结果推算,中国约有0~6岁残疾儿童139.5万名;每年新增0~6岁残疾儿童约19.9万名。①《残疾人教育条例》(1994年)第一章"总则"第七条规定:幼儿教育机构、各级各类学校及其他教育机构应当依照国家有关法律、法规的规定,实施残疾人教育。第二章"学前教育"第十条中明确提出:残疾幼儿的学前教育,通过下列机构实施:……(二)普通幼儿教育机构;……;(五)普通小学的学前班和残疾儿童、少年特殊教育学校的学前班。《国家中长期教育改革和发展规划纲要》(2010—2020)中特别指出:"各级政府要加快发展特殊教育,把特殊教育事业纳入当地经济社会发展规划,列入议事日程。"要求"完善特殊教育体系,健全特殊教育保障机制,加强特殊教育师资队伍建设,采取措施落实特殊教育教师待遇"。2014年1月由国务院办公厅转发,教育部、国家发展改革委、民政部、财政部、人力资源和社会保障部、卫生计生委(现卫健委)和中国残联共同制定的《特殊教育提升计划(2014—2016年)》明确提出:全面推进全纳教育,使每一个残疾孩子都能接受合适的教育。预计到2016年,全国基本普及残疾儿童少年义务教育,视力、听力、智力残疾儿童少年义务教育入学率达到90%以上,其他残疾人受教育机会明显增加。2015年4月体现了以"平等、参与、共享"为核心的现代文明社会理念,最新修订通过的《中华人民共和国残疾人保障法》第三章"教育"第二十二条规定:残疾人教育,实行普及与提高相结合、以普及为重点的方针,……积极开展学前教育;第二十五条明确规定:普通幼儿教育机构应当接收能适应其生活的残疾幼儿。这些法律法规和文件为我国学前融合教育的发展提供了宏观的指导和保障,但我们还需要更为具体的实施办法以及实施细则,逐步建立健全学前融合教育施行制度。

虽然我国的学前融合教育起步较晚,发展不完善,学前融合教

---

① 朴永馨.特殊教育辞典[Z].北京:华夏出版社,2015:6.

第六章
学前融合教育的建议与思考

育的制度需要在实践中不断实践、总结和摸索，但学前融合教育制度的实施对推进学前融合教育发展的意义是不可估量的。

可喜的是，南京市《关于加强特殊儿童少年随班就读工作的实施意见（试行）》中明确提出："逐步把随班就读工作基础知识和技能纳入普通学校新教师招聘和在职教师继续教育、评优评先等考核中。到2018年，承担随班就读工作的义务教育阶段普通学校教师，80%以上应取得随班就读继续教育合格证书或任职资格证书；义务教育阶段普通学校教师申报学科带头人和优秀青年教师应取得随班就读继续教育合格证书或任职资格证书。"

在制度执行过程中，我们既需要总结、摸索国内的经验，同时也需要借鉴其他地区的经验，特别是我国台湾地区给予实施学前融合教育的幼儿园和教师具体的物质以及精神的保障和支持的措施。台湾地区1998年颁布的特殊教育施行细则第七条规定，特殊幼儿应以与普通儿童一起就学为原则。并且政府以经费补助的方式鼓励接收特殊幼儿进行学前融合教育的普通幼儿园。私立幼稚园或机构每招收一名3~6岁身心障碍幼儿园，政府每个学期补助新台币一万元整，公立幼稚园或机构每招收一名3~6岁身心障碍幼儿，每学期补助新台币五千元整。①

我国大陆的学前融合教育也在如火如荼地进行中，并在确立制度保障教师待遇方面也结合具体情况做了具有开拓性的尝试和探索。南京市建邺区教育局2016年8月发布《建邺区关于做好随班就读巡回指导工作的实施意见（试行）》中不仅明确规定了随班就读巡回指导教师的工作任务和工作量，而且特别明确提出巡回指导教师的待遇问题。"随班就读巡回指导费用由课时补贴和交通补贴两部分组成，课时补贴按每课时30元计算，交通补贴按每人每月100元计

---

① 孙玉梅. 湖北省幼教工作者学前融合教育观念与态度的研究[D]. 华中师范大学，2008：10.

算,费用由被帮扶的中小学、幼儿园按学期支付。"①

二、建立相关的支持体系

教师的发展需要专业的支持系统。新生的学前融合教育教师更是需要多方面、多角度的支持。

(一)建立学前融合教育资源中心

对融合环境中特殊儿童教学的支持与否是教育者决定融合教育是否可行或可能的关键一票。② 在访谈中,不止一位幼儿教师提到曾经的自己不知道特殊需要儿童的存在,家长也"不知道属于哪种特殊儿童,不知道去哪些地方求医",因此,建立整合学前教育、特殊教育和医疗机构的学前融合教育资源中心,给特殊需要儿童家庭和学前融合教育教师提供及时有效的支持是非常必要和紧迫的。

教育部门可以根据特殊需要儿童的类别,依托各省市的各类特殊教育学校或者有条件的医院,整合学前教育、特殊教育、医疗、康复、心理咨询、社会力量等各种资源,建立各类特殊需要儿童学前融合教育资源中心,有针对性地给特殊需要儿童、特殊需要儿童家长以及学前融合教育班级教师提供咨询和指导,开展满足不同层次不同需求的特殊教育培训服务。例如专业咨询、筛查评估、制订与实施个别化教育计划、送教上门、教师培训、家庭指导、心理咨询、巡回指导等项目。资源中心的教师可以由特殊教育学校或者医院有经验的教师或者医生兼任,每一周或者两周有固定的时间到实施学前融合教育班级针对特殊需要儿童的教学进行巡回指导。

学前融合教育资源中心可以帮助尽早改善特殊儿童的心理与行为,为他们一生的发展提供尽早的、最大可能的良好基础;为特殊

---

① 建邺区关于做好随班就读巡回指导工作的实施意见(试行). 南京市建邺区教育局文件,建教发[2016]59号.

② 孙玉梅. 湖北省幼教工作者学前融合教育观念与态度的研究[D]. 华中师范大学,2008:11-12.

儿童的家庭提供心理及行为的支持，帮助特殊儿童家庭承担和减少养育特殊儿童过程中的"亲职压力"；为学前融合教育教师提供切实可行的支持，成为特殊儿童及其家庭提供学前阶段进行早期咨询、早期教育和早期干预的重要基地。学前融合教育资源中心还可以通过广泛的宣传以及具体的工作，为特殊儿童走入社区、走入社会提供最早、最安全和最容易沟通和交往的渠道，增加普通人群对特殊儿童的认识，争取社会对特殊儿童及其家庭的理解和支持，构建一个平等、安定的和谐社会，促进社会的文明进步。

（二）建立学前融合教育教师档案

虽然每个孩子都是不一样的，特殊儿童则是各有各的不同，但同一类特殊儿童的相似点会比较多。学前融合教育中心可以建立学前融合教育教师档案，给融合教育教师搭建可以学习讨论的交流平台，如QQ群、微信群，或者有系统、定期组织个案讨论、专题问题讨论、观摩教学、现场学习、经验交流等实践学习。建立融合教育教师档案可以帮助不同教师在面对同一类特殊儿童的时候，相互交流，共同讨论，找到从事融合教育工作的归属感。建立教师档案还可以作为学前融合教育培训的重要资源。有经验的教师可以帮助新手融合教育教师解决实践中的教育难题，在融合教育班级共同学习的过程中了解并深入理解融合教育理念，学习针对某类特殊儿童具体有效的方法和策略。

（三）引导、鼓励高素质的家长参与到学前融合教育工作中

特殊儿童家长群体中的一部分因为自己的孩子成为某类特殊儿童教育、康复方面的专家，他们在某类特殊儿童的教育康复方面有着丰富的实践经验。而且他们拥有广泛的信息来源，与时俱进，能够及时了解特教行业的最新的康复动态。相似的育儿经历使他们容易与其他特殊儿童家长建立密切的沟通和联系；他们有经验、有能力，能够在特殊儿童成长中给予家长教育康复方面的确切的帮助和指导。因此，学前融合教育支持系统很有必要与这些家长建立密切

的联系，挖掘和发挥他们的潜力，汲取他们的力量，把他们在特殊儿童养育和教育过程中积累起来的方法充分运用到特殊儿童的融合教育中，与更多有需要的家庭分享他们有效的经验，共同促进特殊儿童的成长。

专业的支持系统不仅可以支持那些在学前融合教育班级中独自默默耕耘的教师，还可以帮助养育这些特殊儿童的家庭，给他们提供心理以及特殊教育专业上的帮助和指导。帮助特殊儿童家长支持学前融合教育教师工作，也是影响学前融合教育效果的关键因素。

此外，政府需要加大特殊教育的宣传和教育，让全社会了解和支持特殊需要儿童家庭，支持特殊教育工作。

三、重视教师培训：建立走向专业发展的学前融合教师教育

研究者曾简单问及几个特殊学校的教师"为什么你们的心态这么好"，她们的回答是"我们的工作就是面对这些孩子！在学校的时候就知道了这些孩子了"！而学前融合教育教师们普遍反映"不知道这些孩子！从来没见过！不知道该怎么办……"从来没有接触过特殊教育相关培养和培训是幼儿教师刚开始面对特殊教育需要儿童时出现手足无措、着急焦虑的一个主要原因。

教师的职业特点决定了这是一个走上工作岗位后一生都需要不断学习的过程。任何一个教师都需要在工作中通过不断地培训磨炼自己，充实自己，从而提高自己。学前融合教育中的幼儿教师虽然有爱心，但无奈因不了解特殊教育，给他们的融合教育实践带来长时间的无能感、无力感，导致他们怀疑迷惘、焦虑无助的融合教育体验，因此他们更需要在实践中加强专业培训，"其实对于大多数普通学校的老师来说，不是没有爱心来接受孤独症的孩子，而是不知道拿这样的孩子怎么办"。张春华老师有多年的普教工作经验，她感慨地说："……在我们的师范教育中特殊教育几乎没有什么地位，普

第六章
学前融合教育的建议与思考

通教育和特殊教育是两个互相隔绝的领域。"①因此，走向专业发展的学前融合教育教师教育必须重视教师培训。必须"从教师教育开始，实现融合教育"②。

（一）建立幼儿教师特殊教育专业培训制度，给予幼儿教师相应的特殊教育技术支持

2006年第二次全国残疾人抽样调查显示，3~6岁残疾儿童接受学前教育率为43.92%，其中城市为61.48%，农村为26.41%。调查还发现，为残疾儿童提供学前教育的特殊机构严重匮乏，普通学前教育机构缺少接纳残疾儿童的师资力量和相应设施。③ 2016年4月29日中国残联在北京召开的第二十六次全国助残日新闻发布会指出我国0~6岁残疾儿童有167.8万名，每年新增0~6岁残疾儿童19.9万名。"十三五"期间，中国残联将积极继续实施残疾儿童康复救助项目，推动残疾儿童康复救助制度，逐步实现0~6岁视力、听力、言语、智力、肢体残疾儿童和孤独症儿童免费得到手术、辅助器具配置和康复训练等服务。④

虽然目前我国残疾儿童的入园率远低于正常儿童，特殊教育远远不能满足特殊需要儿童的学前阶段的教育需求，但随着社会的发展，越来越多的特殊需要儿童进入普通幼儿园接受学前教育将是我国普通教育和特殊教育发展的必然趋势。在全社会大力支持特殊教育的今天，截至2013年，在特教学校学前班(部)就读的残疾儿童近1万名。据不完全统计，有近万名残疾幼儿在普通幼儿园随园就读。⑤ 面对具有特殊教育需要的儿童，幼儿教师的普遍状态是"不知

---

① 张雁.蜗牛不放弃[M].北京：华夏出版社，2006：179.
② 方俊明.融合教育与教师教育[J].华东师范大学学报(教育科学版)，2006(3)：42.
③ 中国青年报，http://zqb.cyol.com/content/2003-12/23/content_793613.htm.
④ 中华人民共和国国家卫生和计划生育委员会，http://health.china.com.cn/2016-05/03/content_8742277.htm.
⑤ 他们用这种方式，让折翼天使上好学[N].中国教育报，2015-12-01.

道该怎么办"。

因为"不知道""没接触""没有在意",所以"不了解""忽视",以为特殊需要儿童只是概念的存在,那些孩子远离于自己的生活之外,所以当有一天遇到特殊需要儿童的时候,幼儿教师的反应是"不知道还有这么一类儿童""我们根本没有往特殊儿童方面去想"。因为不知道特殊需要儿童的现实存在,幼儿教师刚接触特殊需要儿童的不知所措就不足为奇。

已有的研究也表明,幼教工作者的特殊教育知识相当缺乏,没有受过专业培训的幼教工作者占到了全体样本的95%,但是他们皆认识到接受特殊教育专业培训的重要性和必要性。[①] 幼教工作者表示普遍没有接受特殊教育的专业培训,没有受过专业培训的占到了95.2%;有将近3/4(74.9%)的幼教工作者没有自学过有关特殊教育专业的知识。幼教工作者对特殊教育的专业知识的学习相当匮乏。幼教工作者绝大多数人认为有一定的必要接受特殊教育专业培训,占全体样本的63.8%,认为非常必要者占20.3%。[②] 因此,幼儿教师首先必须具备相应的特殊教育知识和技能,特别是刚入职的幼儿教师,更需要具备筛查特殊需要儿童的知识以及简单的应对能力。

为了让幼儿教师能够有一定的专业准备,能够进行简单的筛查,具备一定的专业敏感,并能够进行简单的教育活动,我们需要在相关大学师范教育的职前培养以及幼儿教师职后培训中增加有关特殊教育的课程和培训内容,拓宽他们的儿童观,提升他们的教育观,为将来有可能成为幼儿教师以及已为人师的幼儿教师提供相应的职业准备。这些与特殊教育相关内容的培训可以帮助融合教育教师在一定程度上应对特殊需要儿童的教育需求,有效地解决部分问题。

---

① 孙玉梅.湖北省幼教工作者学前融合教育观念与态度的研究[D].华中师范大学,2008:26.

② 孙玉梅.湖北省幼教工作者学前融合教育观念与态度的研究[D].华中师范大学,2008:24.

第六章 学前融合教育的建议与思考

研究发现，一般教师在职前培育课程中曾修习有关特殊教育课程者，比较能够认同回归主流的重要性，同时也较能肯定自己在回归主流情境中教育身心障碍学生的能力。① 在有一定心理准备的基础上，帮助融合教育教师减少面对特殊儿童的手足无措和紧张无助的感觉，即所谓的"手里有粮，心里不慌"，帮助融合教育教师尽量在最短的时间内尽快适应融合教育的环境。

同时，在职教师可以通过培训加深对特殊教育的了解，特别是非特殊教育专业出身的，他们在培训中开始了解特殊教育，思考如何践行学前融合教育。75.4%的教师也会将所学接受的知识内容尽量运用到日常教学中。② 因此，建立幼儿教师特殊教育专业培训制度，可以帮助幼儿教师对新入园的幼儿进行简单的筛查，更全面地了解儿童，更好地帮助儿童适应环境，为良好的学前融合教育打下基础。幼儿教师可以从语言、动作、生活自理以及社会适应能力等四个主要的方面对疑似儿童进行较长时间的观察，进行简单的筛查。如果疑似儿童这些方面的表现与同年龄儿童差别较大，教师可以及时与家长沟通交流，建议儿童去相关医院进行进一步检查，根据诊断结果调整并制订适合儿童发展的教育计划和内容。

(二)坚定幼儿教师融合教育的理念

Lang 和 Berberich(1995)认为态度与信念是融合教育的核心要素，是融合教育成功的关键。③ 一个合格的幼儿园教师，不仅需要掌握专业的知识和技能，还需要具备基本的专业理念与师德。为了完善我国的教师队伍建设标准，引领教师的专业成长，促进我国基础

---

① 钟梅菁.学前教师融合教育专业知能之研究[J].特殊教育学报，2001(15).

② 徐帅.特殊教育教师专业发展和培训需求的关系研究[D].西南大学，2014：53.

③ 孙玉梅.湖北省幼教工作者学前融合教育观念与态度的研究[D].华中师范大学，2008：5.

教育的发展，教育部在2012年和2015年分别印发了《幼儿园教师专业标准（试行）》和《特殊教育教师专业标准（试行）》，对幼儿园教师和特殊教育教师提出了基本的专业要求。在这两个专业标准中，基本内容都包括三个部分：专业理念与师德、专业知识和专业能力。其中，专业理念与师德是列在第一位的，是最重要的内容。因此，在幼儿园教师的职前培养和职后培训过程中，我们不仅需要关注幼儿教育和特殊教育知识和技能的传递，还需要关注教师专业理念与师德的教育。

融合教育教师专业理念和师德的教育内容需要包括四方面的内容：融合教育职业的理解与认识、对特殊需要儿童的态度和行为；特殊需要儿童保育和教育的态度与行为以及个人修养与行为。其中，融合教育职业的理解与认识中首先必须坚定融合教师的融合教育信念，因此，其教育和培训内容首先需要确定融合教师理念的相关课程，坚定教师的融合教育信念。只有融合教师坚定了信念，才有可能在教育过程中将融合教育理念付诸日常的融合教育实践。

（三）重视学前融合教育中幼儿教师的自我成长

虽然在特殊教育专业知识方面，特殊教育专业出身的教师在专业知识方面要略高于非特殊教育专业的教师，但总体来看，非特殊教育专业教师在进校后的工作学习中，时间的积累和自身的努力，其专业发展能力也越来越接近专业出身的教师。① 也就是说，专业知识和能力是可以通过职后的培训和学习来弥补的。而教师的成长不仅体现在专业知识和专业技能的传授上，更体现在他们的自我成长，以及由自我成长所带来的对待和教育儿童的方式上。因此，在幼儿教师职前培养和职后培训过程，我们还需要思考"我们如何教育将来的教育者"。

---

① 徐帅.特殊教育教师专业发展和培训需求的关系研究[D].西南大学，2014：51.

第六章
学前融合教育的建议与思考

刘晶波教授在对具体师幼互动行为事件进程的质化分析中，发现师幼互动行为有其共同特征：不管是作为互动行为的施动者还是作为受动者，教师的关注点总是集中在要将固有的知识与技能按照既定的计划与目标传递给幼儿，而为了做到这一点，教师需要不断反复给不谙事理、率性而为的幼儿"上好规矩"。① 在融合教育教师和特殊需要儿童的互动过程中，"提问"和"指示"是最有效传达这两方面信息的方式，整体上对于特殊儿童的"鼓励""表扬"的言语支持仍然不足；在行为支持上使用表"禁止"的指示行为居多，而表接纳、鼓励的"抚摸""拥抱"行为较少。② 原因有很多方面，既有现实的种种行政压力，也有历史的传承。

我国无论在职前教师培养，还是在职后教师培训中，教师培养和培训都特别强调教育知识和技能的传递，教育内容的重点是传授关于儿童的知识和教师的教育教学技能，而忽视教师作为一个脱离了职业之外的具有生命力的个体自我的成长。也就是说，我们的教师培养和培训把教师当成一个传递知识和技能，用以规范儿童的工具。因为"教师是如此的学习"，所以"教师也如此的教育"，即在实际的教学过程中，教师关注的也是知识技能的传授和规则的执行。简单来说，就是"教师怎么学，将来他们就会怎么教"。③ 教师对待幼儿的方式是他们在职前培养和职后培训过程中被对待的方式，一个教师怎样被教育，他们就会怎样去教育儿童。

而幼儿教师撒播"爱和自由"的专业能力从何而来呢？主要来自幼儿教师的培养和培训过程，人通过"你"而成为"我"。真正的教师

---

① 刘晶波. 社会学视野下的师幼互动行为研究——我在幼儿园里看到了什么[M]. 南京：南京师范大学出版社，2006：223.
② 任贝贝. 学前融合教育集体教学活动中教师与特殊儿童师幼互动现状的分析与思考[D]. 华东师范大学，2014：61-62.
③ [德]马丁·布伯. 我与你[M]. 陈维纲译. 北京：商务印书馆出版，2015：29.

与其学生的关系便是这种"我—你"关系的一种表现。① 在教师培养和培训过程中,重视师生双方的情感交流。"教育是人的灵魂的教育,而非理智知识和认识的和。"②教育的目的不是告知后人存在什么或必会存在什么,而是晓谕他们如何让精神充盈人生,如何与"你"相遇。也就是说,要随时准备为人而转成"你",向他们敞开"你"之世界;不只是准备,要反复不断地亲近他们、打动他们。③教育最本质的意义是教育者的成长,教育的过程是潜移默化的熏陶过程。教师的成长,不仅要增长教师的知识和技能,而且也要促进他们对教育本质的理解和对自身成长的探索。

(四)明确学前融合教育的目标

从个体生命成长的角度来理解特殊需要儿童的学前教育,我们会更清楚地看到:学前融合教育对于特殊需要儿童最重要的价值——不在于知识的学习,而是在与教师、同伴的朝夕相处中通过大量机会学习与人相处,促进他们社会性的发展。这是学前融合教育比较相对隔离的"特殊教育",能够提供给特殊需要儿童最大的支持。学前融合教育给他们的人生提供了更多的可能性和发展空间,特别是对于听障儿童、视障儿童等这一类在智力发育上无明显迟缓的单一性特殊需要儿童。"社会性发展中的沟通交往能力的欠缺,对于未来他们还要面对幼小衔接、进入社会都起到了极大的阻碍作用。"④因此,学前融合教育的重要目标不在于增强特殊儿童的认知能力,而在于通过创设支持性的学前融合教育环境,促进学前融合

---

① [德]马丁·布伯. 我与你[M]. 陈维纲译. 北京:商务印书馆出版,2015: 118.

② [德]雅斯贝尔斯著. 邹近译. 什么是教育[M]. 北京:生活·读书·新知三联书店,1991:3.

③ [德]马丁·布伯. 我与你[M]. 陈维纲译. 北京:商务印书馆出版,2015: 41.

④ 任贝贝. 学前融合教育集体教学活动中教师与特殊儿童师幼互动现状的分析与思考[D]. 华东师范大学,2014:2.

教育中的每一个个体——特殊儿童、普通儿童以及教师自身的成长。

特殊需要儿童的教育重点应该是社会领域与自己、他人和环境的关系的发展，而不是认知领域的知识学习。缺乏与同伴的充分交流与互动，以及来自成人的有力支持与服务，学前融合教育便失去了其存在的意义。融合教育强调的正是学生社会关系的重要性。① 学前融合教育的重要目标即通过接纳特殊需要儿童，帮助特殊需要儿童、普通儿童认识到生命的多样性和复杂性，打开心灵，学习与不同的同伴交往，增强自己心灵接纳的宽度。教师通过潜移默化的教育过程，帮助幼儿通过学习接纳与自己不同的个体，与他人相处；在与他人的互动中认识自己，接纳自己，与自己相处。

（五）建立与实践相联系的教师培养和培训课程

幼儿教师特殊教育专业培养和培训不仅需要制度化、系统化、时代化、国家化，同时也需要实践化。所谓实践化就是在实践中了解和理解特殊需要儿童。目前学前融合教育的幼儿教师基本了解普通幼儿的成长与教育，但了解特殊需要儿童的幼儿教师并不多。教师教学经验的传递需要实践，因此培训更需要实践化。学前融合教育教师如果能够和曾经带过特殊需要儿童的有经验的教师面对面交流学习，或者能够进入学前融合教育幼儿园示范园进行实践学习，培训会更加有效。

确立与实践相联系的特殊教育课程内容首先包括最基本的特殊需要儿童身心发展特点及相应的特殊教育教学技能，特别需要参加特殊教育学校的教育教学活动，在实际的教学活动中认识和了解特殊需要儿童。比如特殊教育学校见习和实习相结合；撰写特殊需要儿童观察记录和设计特殊教育教学活动相结合；参观特殊教育学校和走访特殊需要儿童家庭相结合。

---

① 李伟亚. 普通幼儿园有特殊教育需要儿童的在园生存现状[J]. 学前教育研究，2011(12)：34-40.

其次，特殊教育课程内容尤其还需要包括帮助融合教师了解特殊儿童家庭的课程。任何有效的教育必须建立在良好的家园沟通和合作的基础上。而融合教育中良好沟通合作关系建立的前提是融合教育教师必须首先了解和理解特殊需要儿童家长。融合教育教师只有了解特殊需要儿童的家庭，理解特殊需要儿童的家长，才有可能尝试站在特殊儿童父母的角度理解家长的某些做法，不抱怨、不指责，而是理解和耐心等待。在理解的基础上与特殊需要儿童的家长建立良性的沟通和合作，帮助特殊需要儿童更好地融入班级环境，发挥融合教育的作用。

特殊需要儿童家长与普通儿童家长不同，他们需要更长的时间才有可能与融合教育教师建立良好的家园互动关系。少则半年，长则两年甚至更长的时间，当特殊需要儿童的家长在一次次把自己的孩子与周围同龄的孩子反复不断地对比过程中，才有可能发现进而接受自己家孩子和同龄孩子相比存在较大差距的事实，从而面对现实。这时家长才会带孩子到正规的医院检查。如果一所医院检查基本确诊，家长会带孩子找更权威的专家或者医院进一步检查。当所有的医院专家诊断一致时，家长才有可能会停下跑医院的脚步，接受诊断结果，转而思考如何面对现实。尤其是当孩子越来越大，和同龄孩子的差距越来越明显，特别上了大班，一年后面临上小学的问题的时候。专家的诊断以及孩子将要面临的小学教育都会成为家长心头沉重的压力，家长会变得越来越焦虑不安，开始着手寻求帮助。这时家长有可能转变态度，试探性地与教师靠拢，尝试着与教师沟通，对教师袒露部分或者全部心扉，希望教师能够给予他们和孩子切实可行的帮助。

再次，课程的内容需要包括个人自我认识、自我成长以及师德养成的课程。我国历来重视教育中教师的情绪情感，教育需要"亲其师，信其道"，而要儿童"亲其师"则"师"必然"可亲"。只有教师"可亲"，儿童才会去"亲"。教师是否"可亲"，即是教师的情绪情感由

第六章 学前融合教育的建议与思考

内而外的表现。因此，教育过程中教师的情绪情感特别重要。"情绪也是适应环境的结果。"①情绪情感在教师的教育过程中扮演着重要角色。

幼儿园的教育活动不仅仅是"传道、授业、解惑"的过程，更是"一个涉及教师和学生在理性与情绪两方面的动态的人际过程"②，"我们在教学时，教授的是信念和感情；当我们与学生交往时，师生之间进行的是感情和思想的互动；当探寻自然和社会世界时，我们带着希望和期望从事活动"③。不仅作为教育主体的人可以激发情绪情感，而且教育活动所涉及的价值和思想也会产生相应的情绪情感。"教育是人的灵魂的教育，而非理智知识和认识的堆集。"④特殊需要儿童需要教师持续不间断的照顾，如果幼儿教师没有坚定的爱心和耐心，没有自我调节的力量，遇到特殊需要儿童情绪不稳定的时候，教师很容易情绪失控。而一个拥有自我情绪调整能力的教师就会有比较清醒的理智，使自己淡定，再淡定，淡定下来。面对特殊需要儿童令人抓狂的行为，学前融合教育教师无论大喊大叫，还是不理不睬，都不能算得上是真正的"融合"。

因此，培训的课程内容不仅需要有特殊教育的相关知识，还需要有心理学有关自我认识、自我调节以及师德养成的课程。许倩倩⑤在其《师幼互动中的教师情绪研究》中明确指出，改善师幼互动中的教师情绪需要重视幼儿教师职业的情绪特征，加强情绪知识与技能的培训，提高教师情绪专业素养；构建幼儿教师情绪支持系统等等。这些课程可以帮助学前融合教育中的幼儿教师学习调整自己的情绪，

---

① 叶澜. 教师角色与教师发展新探[M]. 北京：教育科学出版社，2013：36.
② 叶澜. 教师角色与教师发展新探[M]. 北京：教育科学出版社，2013：34.
③ 叶澜. 教师角色与教师发展新探[M]. 北京：教育科学出版社，2013：38.
④ [德]雅斯贝尔斯著. 邹近译. 什么是教育[M]. 北京：生活·读书·新知三联书店，1991：4.
⑤ 许倩倩. 师幼互动中的教师情绪研究[D]. 南京：南京师范大学，2013：105.

通过尝试调整自己的情绪慢慢学习寻找自我,在发展自我中不断挑战自我,从而在学前融合教育过程中与特殊需要儿童一起不断成长,完善自我。

参加特殊教育培训的教师不仅仅包括带班的幼儿教师,有条件的幼儿园最好也能够安排保育员参加活动。因为特殊需要儿童在普通幼儿园里,生活自理能力的培养和锻炼尤为重要,这就需要保育员具有爱心和耐心对待特殊需要儿童,具有爱心和耐心的保育员在学前融合教育过程中同样能够滋养和教导班级中的普通儿童。

(六)采取灵活多样的教师教育形式

融合教育中幼儿教师的培训目标是增强教师的教育教学能力,所以培训重心应该从重教师教转到重视特殊需要儿童幼儿如何学习,融合班级的普通幼儿如何学习。因此,学前融合教育的教师教学需要采取灵活多样的方式,才能够在有效的时间内培养比较合格的融合教育师资。

在教育形式上,需要职前教育和职后教育紧密结合。职前教育主要通过设置课程的方式进行。《残疾人教育条例》(1994年)要求:"普通师范院校应当有计划地设置残疾人特殊教育必修课程或者选修课程,使学生掌握必要的残疾人特殊教育的基本知识和技能,以适应随班就读的残疾学生的教育需要。"课程的教学需要从案例入手,结合融合教育理念和理论,进行细致的案例分析,并提出多种解决方案,增强学生对学前融合教育的敏感性。

费斯勒(Fessler,R)把教师职业周期分为八个阶段:职前阶段(pre – service)、入职阶段(induction)、形成能力阶段(competency building)、热心和成长阶段(enthusiastic and growing)、职业受挫阶段(career frustration)、稳定和停滞阶段(stable and stagnant)、职业泄劲阶段(career wind down)、职业退出阶段(careerexit)。① 本研究所选

---

① 叶澜. 教师角色与教师发展新探[M]. 北京:教育科学出版社,2013:244 – 246.

择的研究对象教龄最少的也是13年，最长的达到28年，基本处于她们职业发展的第四阶段。她们对事业有着丰富的经验，同时有着强烈的探究的欲望，善于学习，愿意成长。参加职后培训的教师已经具备一定的教学经验，他们在实践中发现了问题，带着问题来学习。他们的目的是解决问题。

职后教师的培训可采用多种形式，如在职进修、参与学前融合教育教研活动、特殊教育短期培训、专家讲座、申请或者参与学前融合教育的相关课题。根据具体的实践需要，设立短期、中期和长期的融合教育师资培训；全日制和半日制、脱产和不脱产相结合。既可以依托相关高校，以获得融合教育相关学位为目的进行教师教育；也可以以教师培训中心、教师委员会和学前融合教育相关幼儿园为主，从教育实践的需要出发，由幼儿教师、教师培训中心协商制订教育计划，自主组织教育活动。无论采取何种教师教育形式，其目的都是提高幼儿教师的融合教育教学专业水平，促进幼儿教师的融合教育专业成长。

第三节　研究者的思考

一、研究的信度与效度

质性研究关注的是"社会事实的建构过程"，以及"人们在不同的、特有的文化社会下的经验解释"。本研究中，研究者本身长期接触特殊需要儿童，从事特殊教育工作，同时是学前融合教育课题组的一员，和访谈对象——幼儿教师们都属于学前融合教育的局内人。但研究者又并不直接从事学前融合教育工作，不直接带学前融合教育班级，从这一角度来说，又属于学前融合教育的局外人。局内人的身份，与访谈对象通过长期接触建立起来的熟悉关系，以及研究者真诚的态度、较高的共情能力、访谈过程中通过语言、行为特意营造出来的接纳的氛围，使参与访谈的幼儿教师们都能够畅所欲言。另一方面，局外人的身份又使研究者能够"置身事外"，能够站在研究对象之外比较客观地观察和分析她们。不从个人的主观感觉出发，而是从具体材料入手，通过分析材料来得出结论。另外，本研究中联系访谈对象、约定访谈时间和地点、进行访谈、录音、访谈后的文字转录都是由研究者亲自进行。然后请研究团队中的同伴检验录音转换成的文本材料以及描述的准确度。检验结果显示文本资料与访谈材料一致。

  本研究在访谈过程中，是用手机的录音功能录下整个访谈过程，同时做好笔记的速记，比如对情景的描述、访谈过程中访谈对象的一些非语言行为，停顿、动作、眼神、微笑等。在整理和分析资料时把速记资料融入访谈文本，忠实还原访谈过程。采用类别分析和情境分析对文本材料进行分类、归档和编码。类别分析分为三个阶段：开放式分析、轴心式分析和选择式分析。以开放的心态，发现和建立类别之间的联系，找到可以统领其他所有类别的类别。

  此外，质性研究的效度还要关注解释的有效性。在分析材料的过程中，为了减少一致性偏差，需要对收集到的访谈材料进行多方验证。例如，当 X 老师谈到她对特殊需要儿童的态度时，需要找出班级观察记录进行验证。同时还需要把 X 老师所说的事情与其幼儿园园长所交流的情况进行了对照，检验其访谈时所说的话是否属实。而且，在访谈过程中，本研究还需要就一个以前在其他场合谈到的问题再次询问教师的做法和看法，对照两次访谈时教师所言是否一致，检验访谈内容的真实性。如"孩子情绪不好时，您是怎么做的？"这样的问题不仅要听教师怎么说，也要访谈家长和园长。家长访谈和园长聊天都可以从不同角度帮助研究者验证访谈材料的真实性。

  选择的研究对象不仅是愿意参加研究的幼儿教师，而且也是幼儿园和家长公认较为优秀的融合教育教师。选择的样本是特殊需要儿童发展较好、家园合作较好的、学前融合教育效果较好的幼儿教师。

  "质性研究意义上的推广更多的是通过有关人员对本案例的认同

第六章
学前融合教育的建议与思考

和理论推演来达到的。我更关心的是我所揭示的社会现象是否能够为那些关心类似问题以及处于类似情形之下的人们提供一定的解释和经验共享。"① 由于本研究对学前融合教师进行了时间较长久、比较深入的观察和了解，从事特殊需要儿童学前融合教育工作的幼儿教师都可以从中得到较多的共鸣和启发。此外，在访谈资料和幼儿教师的文本资料基础上得到的研究结果具有一定的抽象概括性，因而这个研究结果可以推广到与此相类似的人群，例如那些正在进行学前融合教育的幼儿园。本研究结果可以帮助幼儿教师更好地理解特殊需要儿童，明确自己的教育方向。

学前融合教育的幼儿园管理者则可以从中更清楚地了解从事学前融合教育的幼儿教师的工作，理解幼儿教师的心理和行为，为学前融合教育教师提供力所能及的人力、物力及精神上的支持。各级各类教育主管部门，特别是主管学前教育和特殊教育的教育部门，可以从中了解学前融合教育实践，为他们制定学前教育和特殊教育政策提供有价值的参考，为幼儿教师的师资培养和培训提供具有实践意义的指导。对于那些班级里没有特殊需要儿童的幼儿教师，此研究可以帮助他们更清楚地了解身边正在进行学前融合教育的同事，给他们提供力所能及的帮助。而对于那些正在进行学前融合教育的幼儿教师，此研究不仅可以给他们提供心灵上的慰藉，还可以帮助他们比较和审视自己的学前融合教育历程，提升自己从事学前融合教育的教育教学能力。

二、研究的伦理道德问题

质性研究中研究者与被研究者之间的关系会影响到研究的过程和结果，所以质性研究非常重视研究的伦理道德问题。本研究所有的访谈都是事先和被访谈者说明访谈的目的，征得被访谈者同意，

---

① 陈向明.旅居者和"外国人"——留美中国学生跨文化人际交往研究［M］.北京：教育科学出版社，2004：78.

她们都以口头方式表达了愿意参与研究的意愿。无论是班级的观察活动，还是访谈，我都会事先与每位教师谈论日程安排，得到她们的同意并与她们商量选择她们认为比较合适的时间和地点进行观察和访谈。所有访谈都是以面对面的方式进行的。虽然每个幼儿教师的表达不同，所用的时间也并不完全相同，也许因为她们都有长期切身的体验、丰富敏锐的感受以及较强的口语表达能力，她们都能非常清楚流利地表达出自己的学前融合教育经验。访谈之前，研究者向所有受访者提出全程录音的请求并得到访谈对象的同意，在她们面前，拿出手机，调整到录音功能，正式访谈录音。同时，研究者也向幼儿教师声明，访谈资料只用于研究，并对涉及的个人信息、幼儿园信息和特殊需要儿童信息保密，消除访谈对象的顾虑。正式开始访谈时，研究者首先了解访谈对象和特殊需要儿童的基本信息，再开始按照学前融合教育的时间脉络进行访谈。

在访谈过程中，间或按照访谈大纲的问题进行有目的的提问。在访谈进行中，研究者并不必然按照访谈大纲的问题而访谈，基本是按照特殊需要儿童进入幼儿园进行融合教育的时间脉络请幼儿教师自行倾诉。必要的时候再提问。整个访谈过程以受访者倾诉为主，研究者语言较少，主要负责倾听和询问。如果受访者语言不清晰或者表达有歧义的时候，研究者会主动提出，确认核实访谈信息。如教师提到"家长来闹"，研究者立即提问"谁来闹？特殊儿童家长来闹还是普通儿童家长来闹"。为了对幼儿教师以及所涉及的特殊需要儿童所在的幼儿园和身份保密，本研究所用的所有人名和地点都是经过加工处理的代码。出于保护幼儿教师的角度，本研究也没有展示一些对研究有用但可能会泄露研究对象的信息。

但为了更为客观地收集资料，防止教师得知真实的研究目的后在访谈过程中会对她们所经历的教育实践进行夸张描述，因此研究对象并不确切清楚研究目的和研究内容，而只是知道本研究是"研究融合教育"。

三、研究的创新和不足

(一)本研究的创新之处主要有以下三点：

1. 研究内容的创新

本研究不是从"应然"的角度来思考和讨论研究问题，而是从幼儿教师的融合教育现场来呈现她们"实然"的教育活动，探究幼儿教师的学前融合教育体验，从而进一步提出具体、有效、可操作的建议，为学前融合教育的实践者以及政策的制定者提供有益的参考。

2. 研究方法的创新

本研究采用半结构式的深度访谈为收集资料的主要方法，结合观察法和实物分析法，同时访谈其他教师和家长以及部分幼儿对幼儿教师的访谈内容进行验证和核实。通过主题分析法对访谈资料进行分析和整理，归纳其相关经验的意义，揭示幼儿教师学前融合教育体验的本质。

3. 研究结论的创新

本研究揭示了幼儿教师的学前融合教育实践历程、心路历程以及她们在学前融合教育过程中与"重要他人"的互动体验。幼儿教师的融合教育体验本质是幼儿教师改变原有的儿童观、教育观和教师观，在职业生活中创造和实现个人成长的过程。幼儿教师的融合教育体验过程充满着对立原则的张力。

(二)本研究的不足之处主要有以下两点：

1. 深度访谈对象数量较少

本研究希望能够对幼儿教师的学前融合教育体验进行深入和全方位的研究，原来计划能够找到比较多的研究对象。但由于学前融合教育班级较少，而愿意接受研究者进行研究的幼儿园教师更少。根据自愿原则本研究的研究对象只找到6位幼儿教师，是研究的一个遗憾。但同时从中也可以看到愿意积极主动加入研究的幼儿教师太少，说明这些学前融合教育教师在工作中得到的关注和关心不够。被忽略了的她们抱着"多一事不如少一事"的原则也选择忽略了自己。随着国家对学前融合教育支持的加大，研究者相信将来会有越来越多的幼儿教师参与到学前融合教育的研究中来，参与到对她们有益的研究中来，参与到对我们的儿童有益的研究中来。

此外，随着研究的深入，在与不同的学前融合教育幼儿园和幼儿教师接触的过程中，研究发现接触学前融合教育时间的长短、幼儿园领导的支持和配合，以及整个幼儿园的园所文化都会深深影响幼儿教师的融合教育体验。也就是说幼儿教师的融合教育体验是丰富的、多样的。而本研究的研究对象都是刚刚接触融合教育的幼儿教师，因此她们的融合教育体验并不能代表那些接触学前融合教育已经达到十年以上，且一直在接触和从事学前融合教育的幼儿教师。因此，本研究的结果适用那些刚刚接触学前融合教育的教师，或者从来没有接触过学前融合教育的幼儿教师。

2. 深度访谈对象所涉及的特殊教育需要儿童都是男孩

在特殊需要儿童群体中，男女比例也是男孩多女孩少，男女性别严重失调。而愿意参与研究的女孩家庭更少。希望将来能够有机会接触到特殊需要儿童为女孩的学前融合教育班级，进一步进行建立在性别基础上的比较研究。

四、未来研究的问题

学前融合教育的研究是一个丰富的大花园，里面有很多饶有趣味的问题等待我们去研究和探索。以下研究方向可以在后续更深入地研究：

(一)学前融合教育师资培养和培训研究

"十年树木，百年树人"，在教育这个需要耕耘和守望的领域里，教师，永远是任何教育阶段影响教育效果的最重要因素。学前融合教

第六章 学前融合教育的建议与思考

育班级的教师既不同于幼儿园普通班的教师,也不同于特教学校的教师,他们一方面要熟悉正常儿童的身心发展特点和规律,同时又要了解所带班级特殊儿童的特点,在教育教学过程中,根据儿童的特点因材施教。因此,学前融合教育师资培养和培训将是一个研究重点。

(二)学前融合教育家园合作研究

"一个孩子是一个村子养大的。"任何一个儿童的成长都离不开家庭和学校以及社会的共同参与和支持。特殊儿童的成长需要家庭更多的付出和社会更多的关注与支持。

(三)学前融合教育课程研究

学前融合教育的课程是幼儿教师普遍关心的话题。特殊需要儿童进入普通幼儿园进行学前融合教育,确实也需要相应的课程支撑他们在幼儿园的学习和生活。但由于特殊需要儿童障碍类型不同,障碍程度不同,他们所需要的课程不同。因此,学前融合教育课程研究是学前融合教育中非常实际的问题。

诚然,当前我国的学前融合教育确实面临很多现实的亟须解决的问题,如幼儿教师缺乏特殊教育相关知识和技能;学前融合教育缺乏相关的特教、医学专业人员的支持;特殊儿童家长不够积极配合;普通儿童家长的观念和意见不一致;等等。学前融合教育的教师既缺乏融合教育知识观念上的准备,更缺乏资金、场地、设备等物理环境的准备。但融合教育实践是星星之火。"星星之火,可以燎原"。正如鲁迅先生所言:世上本没有路,走的人多了,也便成了路。学前融合教育是一个从无到有、逐步完善的过程。在这个过程中,不断成长的不仅有特殊需要儿童,学前融合班级中普通儿童,还有在困难和挫折中逐渐成长起来的教师。

最后以我喜欢的歌词作为结尾,希望从事学前融合教育的教师在与特殊需要儿童共处的教育历程中,能够有所收获,没有虚度人生!

哭过 笑过 恋过 恨过……

迷惑 失落 忧郁 寂寞……

也许还有遗憾 甚至很多

但我相信共你 没有白活

"教育现场充满了矛盾。我在其中一边体验一边学习。"

——津守真

附录一　幼儿教师访谈提纲

访谈时间：
访谈地点：
访谈对象：
访谈内容：

1. 老师，您好！首先请您介绍一下您自己。

2. 您在什么时候、什么情况下发现我们班的这个孩子可能有点异常？这个孩子当时是什么样的情况？您当时是怎么想的？怎么做的？

3. 面对您的做法，家长、园长、同事都分别有什么样的做法？

4. 孩子在幼儿园2~3年了，在这期间，您都遇到哪些问题？您是怎么想的？您是怎么做的？您有什么样的心态？

5. 在学前融合教育过程中，您都得到过哪些人或者机构提供的哪些帮助？

6. 特殊需要儿童在我们班，班级中的其他普通孩子是怎么看待和对待他们的？普通孩子的家长呢？您是怎么做的？

7. 现在回头想想这2~3年，您有什么想法？

8. 作为一个融合教育的幼儿教师，您有什么建议可以帮助新手融合教育教师较快地适应自己的工作？

附录二　访谈对象基本资料

敬爱的老师：

您好！为了研究的方便，需要搜集您一些基本的资料，本资料仅供研究使用，绝不对外泄露。谢谢您的合作。

1. 教师姓名：
2. 教师性别：
3. 教师年龄：
4. 文化程度：
5. 教师职称：
6. 教师的婚姻及生育状况：
7. 班级中特殊需要儿童的数量及性别：
8. 班级中特殊需要儿童的障碍类型：
9. 发现特殊需要儿童的时间：小班（　　　）　中班（　　　）　大班（　　　）。
10. 学前融合教育班级人员配备：

附录三　学前融合教育教师调查问卷

敬爱的老师：

您好！感谢您百忙之中抽出时间参与我们的调查。此项调查的目的是了解幼儿教师对特殊儿童进入普通幼儿园进行学前融合教育的态度以及幼儿教师的学前融合教育体验。您的回答对我们的研究非常重要。

如果您愿意，请留下您的真实姓名；如果您不愿意，可以采用不记名的方式填写问卷。本次调查结果仅供研究之用，绝对不会影响您的工作和生活，请您不必有任何后顾之忧。您只需要根据您内心的真实想法，如实填写即可。

感谢您的支持！

1. 教师姓名：
2. 教师性别：
3. 教师年龄：

哪一年开始做幼儿教师？

4. 文化程度：
5. 教师职称：
6. 教师的婚姻及生育状况：
7. 班级中特殊需要儿童的数量及性别：
8. 班级中特殊需要儿童的障碍类型是否有医院诊断：是（　　）否（　　）
9. 发现特殊需要儿童的时间：小班（　　）中班（　　）大班

(　　)。

　　10. 学前融合教育班级全体孩子人数：(　　)人　其中特殊儿童(　　)人。

　　11. 学前融合教育班级教师人数：(　　)教(　　)保。

　　12. 孩子在班级进行融合教育的时间段：从哪年开始到哪年结束？

　　13. 在这学前融合教育期间，您的感受？

　　14. 现在如果再有一个特殊需要儿童给您带，您会怎么做？为什么会这么做？

附录四　融合教育家长集体访谈提纲

访谈时间：

访谈地点：

访谈人员：主持人

　　　　　记录整理

　　　　　录音校对

被访谈对象：

实录简称：主持人简称

　　　　　家长简称

家长们，你们好！我今天代表我们融合教育课题组做个简单的调查。此项调查的目的是了解特殊儿童进入普通幼儿园的融合教育情况。本次调查结果仅供研究之用，绝对不会影响您以及孩子的生活，请您不必有任何后顾之忧。您只需要说出您内心的真实想法就可以了。感谢大家的支持！

1. 您是否知道我们班级有个特殊孩子？您怎么知道的？

2. 您第一次看到这个特殊孩子心里有什么想法？

3. 孩子回家怎么说这个孩子的？好在哪里？有什么不好的情况？

4. 您的孩子和这个特殊孩子玩吗？怎么玩？为什么？

5. 根据您所了解的情况，您认为在目前条件下，幼儿园在接纳特殊儿童方面还存在哪些问题？有哪些困难？

6. 您对幼儿园接纳特殊儿童所做的努力是否满意？如果不满意，您觉得哪些方面可以改进？

7. 您认为幼儿园接纳特殊需要儿童对自己的孩子是利大于弊，还是弊大于利？说说您的理由。

附录五 融合教育班级幼儿访谈提纲

访谈时间：

访谈地点：

访谈人员：

被访谈对象：

1. 你平时跟不跟某某小朋友玩？

2. 玩些什么呢？（不玩，为什么不跟他玩？）

3. 你们班哪些小朋友经常和他玩？他们是怎么玩的？

4. 你和某某是好朋友吗？

5. 你们班哪个小朋友是他的好朋友？

6. 你觉得某某在幼儿园里需要别人帮助吗？

7. 他在哪些方面需要帮助？

8. 你帮助过他吗？你是怎么帮助的？

9. 你喜欢某某吗？你有没有不喜欢他的时候？

10. 你能用一句话说说某某吗？

注：某某在访谈中为特殊需要儿童的名字。

参考文献

[1] ANN M G, REGINA M. *A Practical Guide To Early Childhood Inclusion Effective Reflection.* Pearson Education，2011.

[2] JENNIFER G, MARY L H, KRISTIE P–F. *Blended Practices for Teaching Young Children in Inclusive Settings.* Paul H. Brooks Publishing Co.，2005.

[3] ALICE F C, SUSAN D D. *Adapting Curriculum & Instruction In Inclusive Early Childhood Settings.* Publication Department Indiana Institute on Disability and Community，2004.

[4] PATTI G, JOYCE S M. *The Inclusive Early Childhood Classroom–Easy way to Adapt Learning Centers for All Children.* Gryphon House，1999.

[5] MARGO A. M, THOMAS E S. *The Inclusive Classroom Strategies for Effective Instruction(Third Edition).* Pearson Education，2007.

[6] [德]雅斯贝尔斯. 什么是教育[M]. 邹近译. 北京：生活·读书·新知三联书店，1991.

[7] [德]埃德蒙德·胡塞尔. 欧洲科学的危机与超验论的现象学[M]. 王炳文译. 北京：商务印书馆，2001.

[8] [德]马丁·布伯. 我与你[M]. 陈维纲译. 北京：商务印书馆出版，2015.

[9] [德]马丁·海德格尔. 存在与时间(修订译本)[M]. 陈嘉映，王庆节合译. 北京：生活·读书·新知三联书店，2006.

[10] [德]沃尔夫冈·布列钦卡. 教育科学的基本概念：分析、批判和建议[M]. 胡劲松译. 上海：华东师范大学出版社，2001.

[11] [法]保罗·阿扎尔. 书，儿童与成人[M]. 梅思繁译. 长沙：湖南少年儿童出版社，2014.

[12] [法]米歇尔·福柯. 规训与惩罚：监狱的诞生[M]. 刘北成，杨远婴译. 北京：生活·读书·新知三联书店，2003.

[13] [法]迪尔凯姆. 社会学研究方法论[M]. 胡伟译. 北京：华夏出版社，1988.

[14] [法]让-弗朗索瓦·利奥塔尔. 后现代状态[M]. 车槿山译. 南京：南京大学出版社，2011.

[15] [加]马克斯·范梅南. 生活体验研究——人文科学视野中的教育学[M]. 宋广文等译. 北京：教育科学出版社，2003.

[16] [加]马克斯·范梅南. 教学机智——教育智慧的意蕴[M]. 李树英译. 北京：教育科学出版社，2013.

[17] [加]马克斯·范梅南，[荷]巴斯·莱维林. 儿童的秘密——秘密、隐私和自我的重新认识[M]. 陈慧黠，曹赛先译. 北京：教育科学出版社，2004.

[18] [美]约翰·杜威. 我的教育信条[M]. 彭正梅译. 上海：上海人民出版社. 2013.

[19] [美]艾·弗洛姆. 爱的艺术[M]. 李健鸣译. 上海：上海译文出版，2008.

[20] [美]R·默里·托马斯. 儿童发展理论(第六版)[M]. 郭本禹，王云强译. 上海：上海教育出版社，2009.

[21] [美]K·E·艾伦. 特殊儿童的早期融合教育[M]. 方俊明主编 周念丽等译. 上海：华东师范大学出版社，2005.

[22] [美]William L. Heward. 特殊需要儿童教育导论(第八版)[M]. 肖非等译. 北京：中国轻工业出版社，2007.

[23] [美]卡洛琳·爱德华兹,莱拉·甘第尼,乔治·福尔曼. 儿童的一百种语言:转型时期的瑞吉欧·艾米利亚经验(第3版)[M]. 尹坚勤,王坚红,沈尹婧译. 南京:南京师范大学出版社,2014.

[24] [美]L·科塞. 社会冲突的功能[M]. 孙立平等译. 北京:华夏出版社,1989.

[25] [美]Catherine Marshall,Grethen B. Rossman. 设计质性研究:有效研究计划的全程指导[M]. 何江穗译. 重庆:重庆大学出版社,2015.

[26] [美]Howard A. Ozmon,Smuel M. Craver. 教育的哲学基础[M]. 石中英,邓敏娜译. 北京:中国轻工业出版社,2006.

[27] [美]小威廉姆E·多尔. 后现代课程观[M]. 王红宇译. 北京:教育科学出版社,2000.

[28] [美]大卫·斯笛尔. 20世纪七大思想家自述[M]. 田毅松,赵正国等译. 上海:上海人民出版社,2004.

[29] [美]诺丁斯. 始于家庭:关怀与社会政策[M]. 侯晶晶译. 北京:教育科学出版社,2006.

[30] [美]诺丁斯. 幸福与教育[M]. 龙宝新译. 北京:教育科学出版社,2009.

[31] [美]诺丁斯. 学会关心:教育的另一种模式[M]. 于天龙译. 北京:教育科学出版社,2011.

[32] [日]河合隼雄. 孩子与学校[M]. 王俊译. 上海:东方出版中心,2014.

[33] [日]河合隼雄. 孩子与恶[M]. 李静译. 上海:东方出版中心,2014.

[34] [日]河合隼雄. 大人的友情[M]. 赖明珠译. 沈阳:万卷出版公司,2010.

[35] [日]津守真．幼儿工作者的视野：置身教育实践的记录[M]．刘洋洋译．上海：华东师范大学出版社，2012．

[36] [印]克里希那穆提．教育就是解放心灵[M]．张春城，唐超权译．北京：九州出版社，2013．

[37] [印]克里希那穆提．在关系中认识自我[M]．桑靖宇，程悦译．北京：九州出版社，2014．

[38] [印]克里希那穆提．点亮自性之光[M]．胡因梦译．北京：中信出版社，2013．

[39] [印]克里希那穆提．最初和最终的自由[M]．于自强，吴毅译．上海：华东师范大学出版社，2005．

[40] [英]休·格里芬．儿童工作中的全纳、平等和多样性[M]．张凤译．南京：南京师范大学出版社，2011．

[41] [英]罗伯特·罗素．教育与美好生活[M]．杨汉麟译．石家庄：河北人民出版社，1999．

[42] [英]郝伯特·斯宾塞．斯宾塞的快乐教育[M]．颜真译．福州：海峡文艺出版社，2002．

[43] [英]安东尼·吉登斯．现代性的后果[M]．田禾译．南京：译林出版社，2000．

[44] [英]彭尼·塔索尼．支持特殊需要[M]．张凤译．南京：南京师范大学出版社，2009．

[45] [英]希拉·里德尔—利奇．儿童行为管理[M]．刘晶波译．南京：南京师范大学出版社，2009．

[46] 陈向明．质性研究：反思与评论[M]．重庆：重庆大学出版社，2008．

[47] 陈向明．质性研究：反思与评论（第叁卷）[M]．重庆：重庆大学出版社，2013．

[48] 陈向明．旅居者和"外国人"——留美中国学生跨文化人际交往

研究［M］．北京：教育科学出版社，2004．

［49］陈向明．在行动中学做质的研究［M］．北京：教育科学出版社，2003．

［50］陈云英．中国特殊教育学基础［M］．北京：教育科学出版社，2004．

［51］蔡蕾．学前融合教育理论与实务［M］．开封：河南大学出版社，2013．

［52］蔡春猪．爸爸爱喜禾［M］．北京：新星出版社，2011．

［53］费孝通．乡土中国［M］．北京：人民出版社，2008．

［54］方俊明．特殊教育学［M］．北京：人民教育出版社，2005．

［55］冯友兰．中国哲学简史［M］．北京：北京大学出版社，2013．

［56］郭延庆．应用行为分析与儿童行为管理［M］．北京：华夏出版社，2012．

［57］古秀蓉．理解情境：走近幼儿的伦理视界［M］．上海：上海人民出版社，2009．

［58］蒋梦麟．西潮［M］．天津：天津教育出版社，2008．

［59］华国栋．特殊需要儿童的心理与教育［M］．北京：高等教育出版社，2004．

［60］华国栋．残疾儿童随班就读师资培训用书［M］．北京：华夏出版社，2006．

［61］胡春光．规训与抗拒：教育社会学视野中的学校生活［M］．武汉：华中师范大学出版社，2011．

［62］胡适．个人自由与社会进步［M］．北京：北京大学出版社，2013．

［63］胡颂平．胡适之先生晚年谈话录［M］．北京：新星出版社，2006．

［64］梁漱溟．这个世界会好吗［M］．上海：东方出版中心，2006．

［65］梁漱溟．梁漱溟教育论文集［C］．上海：开明书店，1945．

［66］雷江华．融合教育导论［M］．北京：北京大学出版社，2012．

[67] 雷江华．学前融合教育［M］．北京：北京大学出版社，2015．

[68] 雷江华．学前特殊儿童教育［M］．武汉：华中师范大学出版社，2008．

[69] 陆有铨．现代西方教育哲学［M］．北京：北京大学出版社，2012．

[70] 陆有铨．躁动的百年：20世纪的教育历程［M］．北京：北京大学出版社，2012．

[71] 刘晶波．社会学视野下的师幼互动行为研究——我在幼儿园看到了什么［M］．南京：南京师范大学出版社，2006．

[72] 钱志亮．特殊需要儿童咨询与教育［M］．北京：北京师范大学出版社，2006．

[73] 瞿海源．社会及行为科学研究法．二．质性研究法［M］．北京：社会科学文献出版社，2013．

[74] 瞿海源．社会及行为科学研究法．三．资料分析［M］．北京：社会科学文献出版社，2013．

[75] 王燕华．幼儿园如何接纳特殊需要儿童——融合教育工作经验篇［M］．北京：北京大学出版社，2011．

[76] 周念丽．学前融合教育的比较与实证研究［M］．上海：华东师范大学出版社，2008．

[77] 钱焕琦，孙国锋．厚生育英才——吴贻芳［M］．南京：南京师范大学出版社，2012．

[78] 季羡林．牛棚杂忆［M］．北京：中国工人出版社，2009．

[79] 金一虹．吴贻芳的教育思想与实践［M］．南京：江苏人民出版社，2005．

[80] 梁吉生．张伯苓的大学理念［M］．北京：北京大学出版社，2006．

[81] 约瑟夫·托宾，薛烨，唐泽真弓．重访三种文化中的幼儿园［M］．朱家雄，薛晔译．上海：华东师范大学出版社，2014．

[82] 方观容. 方观容文集[M]. 南京：凤凰出版传媒集团江苏教育出版社，2006.

[83] 姚伟. 中外幼儿教育名著解读[M]. 南京：南京师范大学出版社，2007.

[84] 叶澜. 教师角色与教师发展新探[M]. 北京：教育科学出版社，2013.

[85] 杨彦平. 社会适应心理学[M]. 上海：上海社会科学院出版社，2010.

[86] 吴康宁. 课堂教学社会学[M]. 南京：南京师范大学出版社，1999.

[87] 张雁. 蜗牛不放弃[M]. 北京：华夏出版社，2006.

[88] 朱旭东. 教师专业发展理论研究[M]. 北京：北京师范大学出版社，2011.

[89] 教育部师范教育司组织编写. 教师专业化的理论与实践（修订版）[M]. 北京：人民教育出版社，2003.

[90] 郗浩丽. 温尼科特——儿童精神分析实践者[M]. 广州：广东教育出版社，2012.

[91] 乔尔·M·卡伦（Joel M. Charon），李·加思·维吉伦特（Lee Garth Vigilant）. 张惠强译. 社会学的意蕴（第八版）[M]. 北京：中国人民大学出版社，2011.

[92] Rud Trunbull等. 今日学校中的特殊教育（上册）[M]. 方俊明等译. 上海：华东师范大学出版社，2004.

[93] 黄志成. 全纳教育：关注所有学生的学习和参与[M]. 上海：上海教育出版社，2004.

[94] 王培峰. 特殊教育哲学——本体论与价值论的研究[M]. 济南：山东人民出版社，2004.

[95] 刘晶波. 特殊儿童早期发展支持[M]. 南京：南京师范大学出

版社，2015.

[96] 吴康宁．转向教育的背后［M］．上海：华东师范大学出版社，2008.

[97] 刘云杉．学校生活社会学［M］．南京：南京师范大学出版社，2001.

[98] 马维娜．局外生存——相遇在学校场域［M］．北京：北京师范大学出版社，2003.

[99] 李季湄，冯晓霞．《3～6岁儿童学习与发展指南》解读［M］．北京：人民教育出版社，2013.

[100] 教育部教师工作司组织编写．幼儿园教师专业标准（试行）解读［M］．北京：北京师范大学出版社，2013.

[101] ［德］柯武刚，史漫飞．制度经济学：社会秩序与公共政策［M］．韩朝华译．北京：商务印书馆，2004.

[102] 虞永平．幼儿教育观新论［M］．北京：人民教育出版社，2006：131.

[103] BARTON E E, SMITH B J. *Advancing high-quality preschool inclusion: a discussion and recommendations for the field*［J］．Topics in Early Childhood Special Education，2015(35).

[104] HUNt P, SOTO G MAIER J, et al. *Collaborative teaming to support preschoolers with severe disabilities who are placed in general education early childhood program*［J］．Topics in Early Childhood Special Education，2004，(24).

[105] AGBENYEGA J S, KLIBTHONG S. *Assessing Thai early childhood teacher's knowledge of inclusive education*［J］．International Journal of inclusive education，2014(18).

[106] ESTHER N, MOUSSA T. *A Study of Ghanaian Early Teacher's Perception about Inclusive Education*［J］．The Journal of the

international Association of Special Education, 2013(14).

[107] RUTH B, KATHRYN U. *A Vision for Inclusion Child Care From principles to policy* [J]. Our schools/Ourselves, summer 2015: 103.

[108] JOY A V, LINDA J B. *Teaching All Children: Preparing Early Childhood Preservice Teachers in Inclusive Settings* [J] Journal of Early Childhood Teacher Education, 2011(32).

[109] ZULFIYA A M, INDIRA A O, Bagdat M. Mazhinov. *Model of Formation for Readiness to Work Within Inclusive Education in Teachers* [J] International Journal of Environmental & Science Education, 2016(11).

[110] ESTHER N, MOUSSA T. *Teaching All Children: A Study of Ghanaian Early Childhood Teachers' Perceptions about Inclusive Education* [J] The Journal of the International Association of Special Education, 2013: 14(1).

[111] RUTH B, KATHRY U. *A Vision for Inclusive Child Care* [J] Summer, 2015.

[112] MATIBETH. *Development and Implementation of a Performance-Monitoring System for Early Childhood Education* [J] Early Childhood Education Journal, 2001(1).

[113] SIMONE D, KATEN R. *Early Childhood Education and Care for Children with Disabilities: Facilitating Inclusive Practice* [J] Early Childhood Education Journal, 2007(2).

[114] ARISTEA F, ANASTASIA V, ELIAS A. *Early childhood teachers' understanding of inclusive education and associated practices: reflections from Greece* [J] International Journal of Early Years Education, 2014(2).

[115] MARY F H, SILVIA M. C – T. *Experiences of Preschoolers with Severe Disabilities in an Inclusive Early Education Setting: A Qualitative Study*[J]Early Childhood Education Journal, 2001(1).

[116] SIMONE D, KAREN R. *Early Childhood Education and Care for Children with Disabilities: Facilitating Inclusive Practice*[J] Education and Training in Autism and Developmental Disabilities, 2012, 47(1).

[117] XU YY, JOHN F. *Facilitating Family Involvement and Support for Inclusive Education*[J]The School Community Journa l, 2008, 18(2).

[118] LESLIE J C, SUSAN L R. *From the Guest Editors: Inclusive Early Childhood Teacher Education*[J]Journal of Early Childhood Teacher Education, 2011, (32).

[119] AMY W, REBECCA M. *Including Children with Special Needs*[J]Young Children, March, 2009.

[120] MARY B.B, LAURIE A, D, YOULMI B. *Individualizing Instruction in Preschool Classrooms*[J] Dimensions of Early Childhood, 2010, 38(1).

[121] LAURIE A D MARY B, YOULMI B. *Integrating Principles of Universal Design Into the Early Childhood Curriculum*[J]Dimensions of Early Childhood, 2013, 41(1).

[122] DIALA H, MOAYYAD H, LUIS V. *International views of Inclusive Education: A Comparative Study of Early Childhood Educator's Perceptions in Jordan, United Arab Emirates, and The United States of America*[J]Dimensions of Early Childhood, 2010, 38(1).

[123] KEVIN J S, LAURA H. *Knowledge and Attitudes of Early Childhood* [J]Early Childhood Education Journal, 2005, 32(6).

[124] NICOLE E B, NANCY F K, STACEY N P. *Parental Experiences and*

Beliefs Regarding Inclusive Placements of their Special Needs Children[J]Journal of Early Childhood Teacher Education，2011(32).

[125] MERFAT F, KHOLOUD D, IBRAHIM J. *Preparing Teachers for Inclusion：Jordanian Preservice Early Childhood Teachers' Perspectives*[J]Journal of Early Childhood Teacher Education，2011(32).

[126] JPY A V, LANDA J B. *Teaching All Children：Preparing Early Childhood Preservice Teachers in Inclusive Settings*[J]Journal of Early Childhood Teacher Education，2011，(32).

[127] SHERNAVAZ V, RAMONA F, and TERRY J S. The *Reggio Emilia Approach and Inclusive Early Childhood Programs*[J]Early Childhood Education Journal，2003(3).

[128] 艾琳(Juselene Centeio)，朋文媛.佛得角共和国融合教育教师的培训[J].现代特殊教育，2014(1).

[129] 陈英娟.聋健合一融合教育的班级管理研究[J].考试，2014(33).

[130] 陈俊莲.浅谈学前融合教育的课堂教学教育原则[J].幼儿教育(教育科学版)，2006(1).

[131] 杜晓萍.全纳教育及其在中国面临的挑战[J].现代特殊教育2007，(3).

[132] 邓猛，赵梅菊.融合教育背景下我国高等师范院校特殊教育师资培养模式改革的思考[J].教育学报，2013(6).

[133] 冯雅静.国外融合教育师资培训的部分经验和启示[J].中国特殊教育，2012(12).

[134] 郭亦勤.《幼儿园教师专业标准》：专业化幼儿园教师队伍建设的依据[J].学前教育研究，2012(12).

[135] 顾瑞华.合作办学：聋儿学前融合教育的实践与思考[J].现代特殊教育，2014(9).

[136] 高志娟.孤独症儿童同伴关系分析及交往能力培养探析[J].基础教育研究，2013(11).

[137] 季兰芬.一生只做一件事[J].现代特殊教育，2015(5).

[138] 季兰芬.聋儿在融合教育活动中的情况调查[J].中国听力语言康复科学杂志，2005(1).

[139] 季兰芬.学前听障儿童双模块融合教育的实践与探索[J].现代特殊教育，2015(4).

[140] 季燕.从人类发展生态学的观点看幼儿教师专业成长[J].南通大学学报（教育科学版），2005(2).

[141] 雷江华等.1994—2016年国际学前融合教育的研究进展——基于科学知识图谱的可视化分析[J].江苏幼儿教育，2017(2).

[142] 刘敏.我国学前融合教育的现状与分析[J].绥化学院学报，2013(1).

[143] 李晓燕.同伴型优势视角：融合教育背景下孤独症幼儿语用交互支持方略探索[J].内蒙古师范大学学报（教育科学版），2014(4).

[144] 李晓燕，张玉敏.学前融合教育教师发展状况的个案研究[J].幼儿教育（教育科学），2015(5).

[145] 李晖，胡海建.农村幼儿园教师专业发展需求的重建[J].学前教育研究，2014(2).

[146] 李季湄，夏如波.《幼儿园教师专业标准》的基本理念[J].学前教育研究，2012(8).

[147] 兰继军，李国庆，刘树森.论全纳教育的教育原则[J].中国特殊教育，2003(6).

[148] 刘秋芳.全纳教育的课堂教育原则[J].中国特殊教育，2004(1).

[149] 刘佰桥.特殊儿童家长团体的功能及其运作[J].教育探索，

2013(2).

[150] 刘颂,钱红,付传彩. 北京市学前融合班级中普通幼儿对残疾的认识与接纳态度[J]. 中国特殊教育,2013(10).

[151] 刘艳虹,朱楠. 融合教育中儿童发展状况的案例研究[J]. 中国特殊教育,2011(8).

[152] 刘敏,李伟亚. 学前融合教育中IEP实践模式的探索——基于一所公立幼儿园的融合教育个案研究[J]. 幼儿教育(教育科学),2014(1、2).

[153] 李伟亚. 普通幼儿园有特殊教育需要儿童的在园生存现状[J]. 学前教育研究,2011(12).

[154] 李拉. 从规模到质量:随班就读发展的目标转型与策略调整[J]. 现代中小学教育,2015(1).

[155] 李拉. 巡回指导:学前融合教育的专业支持模式[J]. 现代中小学教育,2013(3).

[156] 明兰. 香港"全校参与"的融合教育模式及启示[J]. 云南财经大学学报(社会科学版),2012(6).

[157] 庞丽娟.《幼儿园教师专业标准》的研制背景、指导思想与基本特点[J]. 学前教育研究,2012(7).

[158] 彭兴蓬,雷江华. 论融合教育的困境——基于四维视角的分析[J]. 教育学报,2013(6).

[159] 秦秀群,苏小茵,高玲玲. 孤独症儿童父母的亲职压力调查研究[J]. 中华护理杂志,2008(10).

[160] 钱秋娣. 融合运动 融合快乐——《孤独症儿童和智力障碍儿童融合教育》的实践研究[J]. 百花园地,2014(1).

[161] 秦金亮. 幼儿园教师专业标准的功能定位——兼谈幼儿园教师专业觉醒[J]. 学前教育研究,2012(8).

[162] 任萍. 融合教育背景下学前教育专业课程设置的探讨[J]. 大

庆师范学院学报，2014(1)．

[163] 石茂林．小学融合教育教师职业压力及对策[J]．绥化学院学报，2013(1)．

[164] 石茂林．学前融合教育的内涵、困境和策略[J]．教育与教学研究，2012(12)．

[165] 孙继红，杨颖．双语聋教育中聋听教师合作关系的研究[J]．毕节学院学报，2011(10)．

[166] 苏雪云，吴择效，方俊明．家长对于孤独症谱系障碍儿童融合教育的态度和需求调查[J]．中国特殊教育，2014(3)．

[167] 许秀萍，洪启玲，谢芳琪，杨秀慧．三位幼教老师实施融合教育的故事[J]．台北市立教育大学学报，民98，第40卷第2期．

[168] 熊琪．意大利融合教育成功的原因分析及启示[J]．绥化学院学报，2013(1)．

[169] 熊絮茸，孙玉梅．孤独症儿童融合教育现状调查、困境分析及家庭参与的探索[J]．内蒙古师范大学学报(教育科学版)，2014(4)．

[170] 奚海燕．学前融合教育与社会工作的介入[J]．教育探索，2013(2)．

[171] 习荣静．幼儿园教师接纳孤独症幼儿的心路历程[J]．现代特殊教育，2016(1)．

[172] 虞永平．《幼儿园教师专业标准》的专业化理论基础[J]．学前教育研究，2012(7)．

[173] 叶平枝．大陆与台湾幼儿园教师专业标准比较及其启示[J]．学前教育研究，2013(7)．

[174] 叶小红．融合教育背景下孤独症幼儿之同伴关系研究[J]．现代特殊教育，2015(2)．

[175] 叶小红．江苏省学前融合教育的现状及应对建议[J]．早期教

育(教科研),2015(12).

[176] 袁典典.融合教育视野下教师面临的困境及其对策[J].当代教育理论与实践,2014(2).

[177] 张卫.当代西方社会冲突理论的形成及发展[J].中国特殊教育,2007(5).

[178] 万伟.三十年来教学模式研究的现状、问题与发展趋势[J].中国教育学刊,2015(1).

[179] 吴梦嘉,李伟亚.幼儿园开展融合教育物理环境准备度的质性研究[J].幼儿教育(教育科学版),2013(1、2).

[180] 钟梅菁.学前教师融合教育专业知能之研究[J].特殊教育学报,2001(15).

[181] 周满生.关于"融合教育"的几点思考[J].教育研究,2014(2).

[182] 周念丽.中日幼儿园教师学前融合教育意识比较[J].幼儿教育(教育科学版),2006,(12).

[183] 周念丽,方俊明.医教结合背景下早期融合教育的实证研究[J].上海教育科研,2012(7).

[184] 邹晓兵,邓红珠.儿童孤独症谱系障碍——美国精神疾病诊断分类手册第5版"孤独症谱系障碍诊断标准"解读[J].中国实用儿科杂志,2013(8).

[185] 赵慧芬.孤独症谱系障碍儿童的个案研究[J].现代特殊教育,2016(1).

[186] 张柏萍.融合教育对于儿童亲社会行为的积极影响——基于两部融合教育纪录片的分析[J].文史博览(理论),2014(2).

[187] 张美华,简瑞良.直观教学法观念在融合教育教学策略设计上的运用[J].追求卓越,2010.

[188] 汪慧玲,沈佳生.托儿所教保员对融合教育因应方式之研究

[J].幼儿保育学刊,2010,第八期.

[189] 于承平.台湾融合教育教师师资供需现状及问题探究[J].学校行政(双月刊),2013(03).

[190] 艾琳 Juselene Oliveira Centeio.武汉市幼儿园教师对特殊儿童融合教育的态度研究[D].武汉:华中师范大学,2014.

[191] 曹乐平.学前教育本科生早期融合教育素养现状调查研究[D].重庆师范大学,2015.

[192] 范秀辉.普通幼儿对身心障碍同伴接纳态度之干预研究[D].重庆师范大学,2012.

[193] 巨金香.情感视阈中的师幼互动研究[D].辽宁:东北师范大学,2006.

[194] 景时.中国式融合教育:随班就读的文化阐释与批判[D].华中师范大学,2013.

[195] 靳敬坤.孤独症幼儿学前融合教育支持现状研究[D].辽宁师范大学,2013.

[196] 侯旭.孤独症幼儿学前融合教育支持系统建构的行动研究[D].重庆师范大学,2009.

[197] 刘爱民.残疾儿童家庭咨询需要的实证研究[D].华中师范大学,2009.

[198] 罗婧.学前融合班个别化教育计划实施的行动研究[D].重庆师范大学,2008.

[199] 刘琳.上海市学前特殊教育教师专业化发展现状调查及其对策研究[D].华东师范大学,2009.

[200] 刘慧丽.融合教育理念下自愿教师角色的指导模式研究[D].华中师范大学,2013.

[201] 李明虎.美国特殊教育教师教育研究[D].广西师范大学,2010.

[202] 李思明. 昆明市幼儿教师对特殊幼儿融合教育问题的态度调查[D]. 云南师范大学, 2010.

[203] 倪扬. 学前特殊儿童家长支持策略的适宜性检验及对策研究——以上海市为例[D]. 华东师范大学, 2014.

[204] 任贝贝. 学前融合教育集体教学活动中教师与特殊儿童师幼互动现状的分析与思考[D]. 华东师范大学, 2014.

[205] 孙玉梅. 湖北省幼教工作者学前融合教育观念与态度的研究[D]. 华中师范大学, 2008.

[206] 孙玉梅. 孤独症儿童母亲生活经验之诠释：现象学的视角[D]. 华中师范大学, 2011.

[207] 孙政. 幼儿园融合教育：利益相关者的诉求[D]. 重庆：重庆师范大学, 2015.

[208] 万慧颖. 学前特殊儿童教育补偿研究[D]. 东北师范大学, 2014.

[209] 许倩倩. 师幼互动中的教师情绪研究[D]. 南京师范大学, 2013.

[210] 徐鸿. 幼儿园教师专业生活的个案研究[D]. 南京师范大学, 2007.

[211] 徐帅. 特殊教育教师专业发展和培训需求的关系研究[D]. 西南大学, 2014.

[212] 姚雅萍. 基于全纳教育的听障幼儿教学策略的个案研究[D]. 浙江师范大学, 2010.

[213] 杨楠. 学前融合教育支持系统的个案研究[D]. 浙江师范大学, 2012.

[214] 张欢. 学前融合教育环境下孤独症幼儿早期干预的个案研究[D]. 浙江师范大学, 2011.

[215] 张国栋. 质量评价视角下学前融合教育现状的跨个案研究[D].

浙江师范大学，2013.

[216] 赵梅菊．父母教养观念与孤独症儿童适应行为的相关研究[D]．华中师范大学，2013.

[217] 王彩凤．幼儿教师人格类型与其职业认同的关系研究[D]．首都师范大学，2009.

[218] 吕晓．学前听障儿童个别化教学设计研究[D]．西南大学，2012.

[219] 朱玲会．特殊教育教师工作取向及其与工作满意度的相关研究[D]．辽宁师范大学，2011.

[220] 王宇．学前融合教育促进普通幼儿亲社会行为获得的实验研究[D]．华东师范大学，2011.

[221] 李旭．儿童在园生活体验叙事研究[D]．西南大学，2014.

[222] 宾晓亮．基于《幼儿园教师专业标准》的教师专业发展研究——以北京市9所幼儿园为例[D]．云南大学，2015.

[223] 杨洁．3～4岁幼儿入园生活适应的研究——基于人类发展生态学理论[D]．华中师范大学，2014.

[224] 程新英．西方社会冲突理论评析[J]．河北师范大学学报（哲学社会科学版），2000，23(3)．

[225] 朴永馨．特殊教育辞典[Z]．北京：华夏出版社，2015.

[226] 尹晓鸣，学前融合教育不是随班"混"读[N]．中国教育报，2015-1-4(3)．